ことばのトリセツ

黒川伊保子
Kurokawa Ihoko

インターナショナル新書　040

はじめに　～ヒトと人工知能が対話する時代が始まった

先日、友人の新車に乗せてもらったときのこと。

シートの温度を下げようとしたのだが、コントロールボタンがない。なにもかもが電子パネルに映し出される方式で、息子の中古のマニュアル車に乗り慣れている私には、スマートホンを初めて手にしたときのような衝撃を覚えた。

手も足も出ないので、運転席の友人に「ちょっと暑い。温度、下げてもらえない？」と言ったら、「メルセデスに言ってくれる？　助手席だけ温度を下げてくれるから」と言うではないか。

機械にしゃべりかけるのは不本意だったが、しかたなく「ハーイ、メルセデス、ちょっと暑いの」と言ってみた。

メルセデスは、快く、助手席のシートの温度だけを下げてくれた。

まるで、ナイト2000である。一九八〇年代に、私の心をくぎ付けにしたアメリカのTVドラマ「ナイトライダー」に登場する、人工知能搭載のドリームカーだ。

未来に生きてるんだなぁ……私は、しみじみとしてしまった。

でも、本当は、「シートの絵のついたコントロールボタン」があってくれたほうがいい。私は、アナログのスイッチを押すのが、大好きなのだ。

「ハーイ、アレクサ、電気を消して」なんて言ってる間に、自分でスイッチを押したほうがずっと早い、と思ってしまう私は、時代遅れなのだろうか。だって、その発音、けっこうエネルギーが要るし、実際時間もかかる。

私は、今のところ、シリともグーグルともアレクサとも話す気はない。友人のメルセデスとは、助手席で汗をかきそうになったときだけ、しかたなく。

かたくなに、文明の利器を使わない老人のよう?

そうかな。

私は、機械と人間の対話のありようを三〇年以上も研究してきているのである。その研究の当初から、私には信念がある。「ボタンを押したほうが早い」ようなことに、わざわざ人間をしゃべらせるな。

携帯電話に「近くのコンビニ教えて」と言う間に、地図検索で「コンビニ」と入力したほうが早い。喉に負荷もかからない。

しかし、常に最新の電子機器を駆使している友人が、「携帯メールを使えない小さな子が、AIスピーカーに『ママに遠足のおやつ買ってきて、ってメールして』って頼むのに便利なのよ。情報検索のできない老人が、『淡路町に行くには何線に乗ればいい？』とか『網走《あばしり》番外地の俳優は誰だっけ？』とか聞くのにも便利だし」と教えてくれた。

なるほど、携帯端末の検索キーワード欄に文字を打ち込めない人には、確かに便利なのだろう。こうして、しゃべる情報端末は、人々の暮らしに入り込んで寄り添い、普通のことになっていくのだ。

そう納得したとき、私は、何かに背中を押されたような気分になった。

急がなければならないのでは？　誰かが、耳元でささやいたような気がした。

「はい」が三回続くと冷たい。

もう少し優しくできないものか。

そんなクレームを受けたのは、私が開発した、ごく初期型の人工知能である。
時は、一九九一年七月。
〝彼女〟の名は、AKINA。

一九九一年四月一日、全国の原子力発電所で、日本語で対話しながらデータを検索できるコンピュータが稼働した。今時のことばで言うなら、「司書ＡＩ」である。ビジネスに使われる基幹コンピュータは、まだ大型機だった時代。データベース検索と言えば、機械語に近い命令文を書いて、端末機から処理にかけ、うやうやしく中央のコンピュータから答えが降りてくるのを待つのである。

そんな時代に、音声ではなく文字ベースと言いながら、「一九七〇年代に、アメリカで細管トラブルがあったよね？」「〇〇二号機のこのケースですか？」のように日本語で対話しながら情報検索ができるのは奇跡のようだった。

実際、当時の大型機環境では不可能と言われた道を拓いたのである。Prolog（プロログ）と呼ばれた初期型のＡＩ言語環境を大型機に実装させた富士通の快挙である。私はその恩恵の上に、「三五歳美人女性司書」のようにしゃべるシステムを開発した。「三五歳美人女性司書の会話」は、そのときの発注仕様だったのである。

三五歳の検索プロフェッショナルの女性を模したAKINAは、当然、肯定のうなずきの際に「はい」を使う。その〝彼女〟に、ある日クレームがついた。質問が重なれば、「はい」も重なる。それが冷たいと言うのだ。

ユーザ「○○の情報はありますか」
AKINA「はい」
ユーザ「それには図面がついてる?」
AKINA「はい」
ユーザ「FAXで送れるかな」(当時は端末機で画像を見ることができなかった)
AKINA「はい」

生身の人間なら、「はい」「ええ」「そうです」などをまぜ込む。それが、寄り添う感じを作り出し、検索者のストレスを軽減してくれる。しかしAKINAは、「はい」を何回でも重ねていくので、冷たく不機嫌な感じがしてしまうのだ。

とはいえ、彼女は機械である。感情がないのだから、不機嫌にもならない。利用者はそれを知っているのに、彼女が「女性らしく」しゃべる以上、「はい」が三つも重なれば、ストレスを感じてしまうのだ。

まるで、女房に邪険にされたときのよう、と、表現した人もいた。

そこで私は、「はい」「ええ」「そう」などの〝うなずき語〟バリエーションを用意し、ランダムに使うことにした。

当時のシステムの中では、肯定のうなずき語に関して、それ以上の付帯情報を保持できるようにはできていなかったのである。「はい」「ええ」「そう」は、すべてひとくくり。このため、ランダム関数を使って、無作為にチョイスする以外に、使い分けるすべはなかったのだ。

ところが、これが大きな違和感を生んだ。

ここは「ええ」じゃないでしょう、「はい」じゃないと、ちゃんと実行してくれない気がする。ここで「そうです」？　いや、う〜ん。

これらの違和感は、すべての利用者が同じ箇所で一様に感じるのである。

――「はい」は確実な感じがして、「ええ」は曖昧《あいまい》な感じがする。曖昧な感じがするからこそ、たまの「ええ」は優しくていいのだけど、ただ、結論を急がなくてはいけない局面で「ええ」は違和感がある。

利用者の感想をまとめると、そういうことになるのだが、ここに一つ、疑問が残る。なぜ「はい」は確実な感じがして、でも冷たいのか、なぜ「ええ」は曖昧な感じがして、でも優しいのか。

システムを開発する側としては、ここを明らかにしないと、問題は解決しない。

人間ならいい。

「ええ」はここではふさわしくない、「はい」と言いなさい、と教えてやれば、直感でつかめる。類型の会話に応用できる。いや、そもそも日本語の使い手であれば、そんな間違いを犯さないのだ。

先輩に「このコピー、急いで取ってきて！」と言われて「ええ」「そうですね」と言う人はいない。命令を受ける立場にない人が、相手の申し訳なさを軽減させるために使うときはあるけどね。たとえば、上司が動くときには。

なぜ、上司に急ぎの用事を言われた部下は「ええ」とか「そう」を言わないのか。部下をフォローするために立ち上がる上司は、「そうだね」「そうしよう」と言ってやるのか。「はい」「ええ」「そう」は、何がどう違っていて、私たちは、それを無意識のうちに使い分けているのか。

なぜ、「そう」は、スピード感がありながら、「はい」のように冷たくないのか。

「はい」「ええ」「そう」だけなら、使い分けを解明して、対話システムに持ち込むこともできる。しかし、問題は、その三語にとどまらないのである。

たとえば、謝るとき、「すみません」「申し訳ありません」「ごめんなさい」をどう使い分ける?

すべてのことばにまとわりつく語感の問題。

やはり、先の「なぜ?」を解明しなければいけない。語感を作り出す属性値を割り出し、数値化して、人工知能に理解させなければ。

そうしないと、「人と人工知能が寄り添い対話して暮らす時代」に、私たちはストレスにさらされることになる。人工知能に不機嫌を感じたり、信頼性が低いと感じたりしてしまっては、人工知能が、人間のモチベーションや集中力を削いでしまう。

人間が無意識にコントロールしている語感の世界がある。その語感を解明して、コンピュータ上に実装しよう。

一九九一年の夏、私はそう決心した。


それから二八年が経った。

私は、語感、すなわちことばの感性が、脳の奥深くに食い込んでいることを知った。この場所は、命ともかかわる場所であり、したがって、命のないものが使っても意味がない。

そう、ことばの感性は人工知能には、厳密にはけっして実装できないのである。

人工知能は、ことばにおいては、媒介ツールにしか過ぎない。だとしたら、人工知能に、安易に人間のふりをさせてはいけないのではないだろうか。

私は、人工知能を限りなく人間に近づける研究をしていて、人工知能の限界を知ったのだった。


ことばの感性。

人類が無意識のうちに操っていて、人工知能には手も足も出ない、その場所。人類の誇りと言ってもいいそのありようを、この本では語りたいと思っている。

また、日ごろの会話や、商品名ネーミングの際に、意図的に「ことばの感性」を使えるように、実践的な方法論も提案していく。

人の心をほっとさせることば、凛々しさを与えることば。遊び心を感じさせることば、真面目さを伝えることば。距離感を縮めることば（親しくなりたいときに使う）、距離感を作ることば（放っておいてほしいときに使う）……。

自然に使い分けてはいるものの、あらためてロジックを知っておけば、きっと、ことばの達人になれる。

たかがことば、されどことば。

とっさに使うそのひと言に、どれだけの感性情報がつまっているか。

この本の最後には、「ことば」と「命」と「脳」が三位一体であることを、きっと実感していただけると思う。

では、いざ。私と共に、ことばの深層に迫る思考の旅へ。

目次

第一章　語感の正体

「はじめに」に書いたように、一九九一年七月、私は、語感を科学すべく立ち上がった。人工知能に、ことばのニュアンス、すなわち語感を与えるためだ。生きて生活していない機械には、語感はわからない。

機械にこれを教えてやるためには、語感を、属性化し数値化してやる必要がある。しかし、一九九一年まで、語感とは何かを科学的に解明する研究はほとんどなかったのである。少なくとも、学術検索に引っかかる場所にはなかった。

ドロドロの恋愛事情

従来、「軽やかな感じ（重い感じ）」「明るい感じ（暗い感じ）」のように感覚でしか語られなかった語感である。

詩人やネーミングの大先生が「これは明るい感じがすることばである」と宣言すれば、「確かに、なんとなく」と周囲が納得してきた。語感は、同じ言語の使い手の中では、暗黙の了解で共感できるものなので、文系的利用では、それで十分だったのである。

たとえば、小説の中の表現において、「彼は、その扉をドンドンと叩いた」と「彼は、その扉をトントンと叩いた」では、様相がまったく違ってくる。ドンドンは深刻で暴力的。

トントンは軽やかで弾むようだ。扉の外にいるのが男で、扉の中にいるのが女ならば、読者の頭に浮かぶ風景はまったく違ったものになる。読者は、ドンドンのほうではおびえる女を想像し、トントンのほうでは口紅を直していそいそと出てくる女を想像する。

外国人に日本語を教える日本語教師によると、擬音語・擬態語のニュアンスを教えるのが、とても難しいという。扉の音なら、実際に音を立ててみればいいのだろうが、それでも、どの音量からがドンドンで、どこまでがトントンかと問われれば、明確な区別はつけにくい。叩いたものの素材や、叩く速度や、聞く者の心理状態にも関わってくるだろうから。この擬音語は、単に音を描写しただけのことばではないのである。

これが擬態語となるともっと難しい。ドロドロとトロトロ、シンシンとジンジン、イソイソとソワソワを説明し分けなさいと言われたら、かなりの難題である。

なのに、日本語を母語とする者なら、説明も要らない。間違うこともない。ドロドロの料理は不味《まず》そうだが、トロトロの料理は美味《おい》しそうだ。教えられなくても、日本語の使い手なら、料理をほめるのにドロドロはけっして使わない。ドロドロの恋愛はごめんだが、トロトロになれる男にになら出逢ってみたい。

聞いたことがない擬態語だって、なんとか想像がつく。絵本で「そこには、土くれが、ごんろごんろと、転がっていました」と書いてあれば、そこに描いてある絵の通りの土くれを、絵を見なくても私たちはきっと想像できる。

この擬音語・擬態語がもっているニュアンスが、語感なのである。

これを解明して、音韻一つ一つを属性化して数値化できれば、語感は科学的なモデルで表現できる。

そうなれば、「なんとなく」の科学的証明ができ、人工知能に搭載することもできる。

一九九一年の私は、最高に、わくわくした。

命題としては古典的で、着眼点としては斬新で、さらにその利用展開は未来的である。命題が古典的なので、きっと、すぐに答え（先達の研究成果）が見つかると思ったのだ。しかも、おそらくそれは文学の領域にあるので、工学的な視点に持ち込めば、それだけで私の研究成果になる。未来の人工知能に不可欠の仕組みになるかもしれない。

まさか、答えがないなんて、そのときは、思ってもみなかった。

イホコという名に生まれて

ここから少しの間、私と「ことば」の関係について、述べておこうと思う。なぜ、私が語感にここまでこだわるのか、その感覚を共有してほしいので。

私の名は、イホコという。

両親の名づけの理由はシンプルで、父が信州・伊那《いな》の出身、母が福岡県田川《たがわ》・伊田町《いた》の出身、新婚の二人が住んでいたのが東京恵比寿の伊達《だて》町（現在は恵比寿ガーデンプレイスの敷地内である）。なので「伊」をつけよう、「伊」に縁のある二人の間に保たれる子で、伊保子はどうか、となったのだと聞いている。父の生まれた村の名が七久保《ななくぼ》だったので、伊七子、伊久子、伊保子が候補に挙がっていたようだ。

ハネムーンベイビーの私に、両親が一生懸命つけてくれた名だ。娘への思いは一切なく、二人の思い出だけでつけられたことに、少女時代は釈然としなかった。小学校で「名前の由来」を調べてきなさいという宿題があったとき、他の子の名には「賢い子に」「美しく優しい子に」なんていう子どもへの思いが溢れていたのに。今思えば、「どうあってくれ」とも思わず、生まれてくる子をまるっと愛し、二人のモニュメント的な名を付してくれたことに胸が熱くなる。

六〇年前、生まれたての私は、新婚の二人の愛の真ん中にいたのである。それが名でわかる。名とは、親が子に与える最初にして最大の贈り物だ。還暦を迎えた娘が、自分の名に、亡くなった父の若き日の愛を思うのだもの。命名した日の三一歳の父は、そんなことを想像もしなかったろうけれど。

伊保子という名は珍しい、とよく言われる。私自身にとっては一番身近な名前なので、「珍しい」と言われても、ぴんとこなかった。しかし、二〇代のある日、日本人名辞典にもないことに気づいて、愕然としてしまった。イカコやイチコがあるのに、イホコはないのである。そ、そこまで珍しいのか……! もしや、言ってはいけない禁忌のことばなのでは?

一五年前に、ドメイン名 ihoko.com を取ったときも、co.jp を始めとするすべてのカテゴリで ihoko が取り放題だったのだ。もはや、「世界的に禁忌のことば」の可能性もある。私はあわてて、いろいろ調べてみたけれど、そういう気配はなかった。

おそらく、単に言いにくいのだと思う。

私のイタリア語の先生(イタリア人男性)は、IHOKO の発音に苦慮している。そもそもイタリア語では、Hは発音しないのだ。とはいえ、Hを伴う母音は、喉に力を入れて強調するので、イタリア風に発音してもらうと、私の耳には、イッオコに聞こえるような感じになる。同様に、「ホンダ」は「ツオンダ」、「ヤマハ」は「ヤマッア」のように聞こえる。モータースポーツ好きのイタリア人に言わせると、HONDAやYAMAHAのHの存在はカッコイイのだそうだ。文字形も直線でスパッとしてるし、喉を強く使う母音に、パワーやスピードを感じるから。なので、イタリアで君の名を名乗るのは悪くない、カッコイイよ、と言ってくれる。ちゃんと発音してくれないくせに（微笑）。

フランス語にいたっては、先頭の母音は弱く、HOは強く喉をこする音しかしない。ほぼ喉を鳴らす音しか聞こえないのである。

そして、スペイン語ではHは発音しないのに、JをH音で発音する。スペイン男子に多いJorgeという名は、ジョージじゃなくホルヘと読む。つまり、Ihokoと書かずにIjokoと書けば、イホコと呼んでくれるという「ねじれ」状態になっている。

まぁ、そんなわけで、グローバル度が著しく低いIHOKO。世界にihoko.comを欲しがる人はほぼ存在せず、無事に私の手に入ったのである。

さて、このイホコ、日本語であっても、発音しにくい。息をかなり使うのだ。声高に真剣に発音すると、横隔膜が上がりきってしまうくらいに。

名前の魔法

たとえば母が私を叱るとき、「いほこ！　いほこはまったく」と口にすると、息を使い切ってしまうので、その後、大きく息を吸うことになる。自然に深呼吸が起こるのである。私は、幼いころから、母が私の名を二回呼ぶと、その後、ふうっと深い息をして、なんとなく怒りのボルテージが下がるのを目撃してきた。

あるいは、電話をかけてきた友人の緊張した声が、電話口で私の名を呼んだとたんに、ふっと緊張から解けるのを感じてきた。

自分の名だけだったら、「名前とはそういうもの」だと思って、見過ごしていたかもしれない。しかし、私には、凛々しい名前の弟がいる。

彼の名はケンゴといって、発音すれば、下腹に力が入り背筋が伸びる、なんとも男らしい名だ。念願の男の子が生まれて、父が気負い立ってつけた名である。弟は、幼いころは女の子に間違われるような、優し気なハンサムボーイだったのに、剣豪のようなこの名前。父の「前のめり」感が伝わってきて、なんだか微笑ましくなってしまう。

さて、ケンゴのほうは、呼ぶほどに緊張が高まってしまう。母の怒りのボルテージが上がってしまうのだ。父も何かとよけいなことを言う。「ケンゴ」と声をかけると、「宿題やったのか」なんてひとくさり入れたくなるようなパワーがこの名にはある。あまりに凜々しくて。

電話口でも、「ケンゴ」と声をかけると、私自身の口調がきつくなるので（別に文句を言いに電話をかけたわけじゃないのに）、「けんちゃん」と声をかけるようにしている。

この二つの名を日常に聞いて育ったので、私は、この世には、人の身体に力を入れてしまう名と、抜いてしまう名があることに気がついていた。呼ぶ人の緊張感を解いてしまうイホコの効果を、私は、ものごころついたときから知っていたのである。

緊張している人には、まず、名前を呼んでもらうこと。名を呼んでさえもらえば、私の役割は半分終わったも同じ。私の名には、人の緊張を解く魔法がかかっている……そんなふうに。

緊張を解く名をもつ者として、私には責任があると思っている。私の名を呼ぶ人、無防備になるその相手を、できるだけ脅かさないこと。**返事の第一声は、やわらかく響く「ん」を使う。**「ん、元気」とか「ん？　どうしたの？」とか。

しかし、名前の魔法は、私だけのものじゃない。ヤスコという母の名は、父がその名を呼ぶ度に、私に「障子越しの早春の光」を思わせた。清潔で華があり、前向きな雰囲気を作る名だ。母は、まさにその名のとおりの人である。

名前には、魔法がある。誰の名にも。

私が幼いころから、見つめてきた「この世の真実」の一つである。

物理学教室の五〇分

高校一年の終わり。

当時の担任の先生に進路を聞かれて、「名前が人の身体の力を抜いたり、入れたりする。こういうことを学べるのはどこですか」と尋ね返したら、「そういう学問はないなぁ」と、困ったように言われてしまった。

私が求めているのは、文学表現としての詩的な効果ではないので、進むべき道は文学ではない。言語学も音声学も、ぴんとこなかった。音声学は近いようだけれども、私にしてみれば、喉と舌の画が並ぶ専門書は、かなり退屈だったのである（音声学の皆さま、ごめんなさい。後にかなりの恩恵を受けてます）。知りたいのは、音声を出した後、身体や心に及ぼす効果だったし。

さて、どこへ。

新学期をむかえて、物理学の授業が始まった。物理学の最初の授業を、私は今も忘れられない。

物理の先生は、白衣のポケットに片手を突っ込んで、飄々《ひょうひょう》と教壇に立った。にやりと笑ってポケットから手を出すと、ゴムボールをつかんでいる。すると、手のひらを下に、そのボールを高々と上げて、こう尋ねたのだ。「この手を開いたら、ボールはどうなりますか？」

昭和の、田舎の、真面目な高校生たちである。誰かが「落ちま～す」と声を上げ、皆がうなずいた。

すると、先生がボールを放ち、ボールは……ボールは、床に届かなかった。先生の指に糸でつながれていたのだ。

当然、教室は、「なんだよ～」「え～っ」の大ブーイングだ。すると、先生がにこりともせずに「ボールは床に落ちなかった。なぜだと思う？」と尋ねた。生徒たちは、「糸がついてるじゃん。当たり前」「なんだよ、これ」とまた大騒ぎだ。

先生は、真面目な顔を崩さない。「では、糸がついていたら、なぜ落ちない？」と冷静に問うた。「地球には重力があるのは、知ってるね。ボールが落ちないということは、重力がゼロになったってことだ。なぜ糸があったら、重力は消えるのだろう」

それは、糸があるからだよ、と言いかけた男子が、ふと黙ってしまった。本当だ、糸があったら、重力が消える。——なぜ？

先生はその日、張力《ちょうりょく》の授業をしてくれた。糸の張力と重力のつり合いについて。糸には張力が生じて、これが重力を相殺《そうさい》する。物理学では、そう捉えるのだと。

物理学とは、「そこにものがあるから当たり前」だと思っている現象に、とことん理を追究する学問である。日常概念を小気味よくひっくり返す。そこには、宇宙の謎を解く鍵が潜んでいる。

たった五〇分の授業で、先生は、私に、そのことを教えてくれた。当時、國學院大學栃木高校のハンサムな若手教師だった、鶴《つる》見《み》重孝《しげたか》先生である。

私は、物理学に夢中になった。

この物理学の「概念をひっくり返す」が、私の知りたい語感の謎を解き明かしてくれるような気がしたのを覚えている。私が知りたいのは、いわば「ことばの物理効果」だし、とも思った。というわけで、あっさり、文系から理系に転向し、理学部物理学科を目指し、今にいたっている。四四年前の話である。

あの授業がなかったら、私は、この道を行かなかったと思う。人工知能にも出会わなかったし、「ことば」の正体にも辿り着かなかった。

六〇年も生きて振り返ると、人生には、奇跡のような瞬間がいくつかある。私にとって、一六歳の春の物理学教室の五〇分は、まさにその筆頭のような時間だった。

触感の魔女

「あなたは、触感の魔女だね」

そう言ったのは、ルネ・ヴァン・ダール・ワタナベ先生である。占星術師として名を広めたが、元は神秘学の権威。世界の占いや呪術などを社会学として研究していたと聞く。一九七〇年代に、知人の編集者に「新しい女性誌に、女性たちが毎号買わずにはいられなくなる連載を考案してほしい」と請われて、「雑誌の星占い」という道を拓いた。かつて日本の女性誌に必ずあると言われた占いコーナーは、この方に始まったのである。

ワタナベ先生と初めてお目にかかったとき、挨拶をして数分もしないうちに、先のことばをおっしゃったのである。続けて、「あなたのことばは、肌に触れる。触感で話しているのでしょう」と。

私は、びっくりして聞き返してしまった。「他の方は、そうではないのですか？」

ワタナベ先生は「普通は、音でしゃべります。音声が、相手に届くようにと」と微笑まれた。

私にとって、ものごころついたときから、ことばとは触感だった。息が滑り出る感触、舌が上あごに触れる感触、息が膨らんで唇を破裂させる感触……その感触を伝えるために、私は発音する。

「スキ」は、私にとって「滑り出す息の音、二種」である。私はこの音を発音するときに、声帯振動はほとんど使わない。なぜならば、伝えたいのは、滑り出す息の触感だから。声を出してしまったら、それが伝わらなくなってしまう。相手の脳に届くのは、わずかに尖った唇と、囁くような息の音だけ。まるで、秘めていた心が溢れて、唇から漏れたみたいに。それ以上に、このことばの真意を伝える方法を私は知らない。

逆に「アイシテル」は、しっかりと声を出さないと伝わらない。母音は息を制動しない（擦ったり、破裂させたりしない）ので、声帯振動音だけが頼りだからだ。しかも語頭のアは、口腔が高く上がるので、つられて背筋が伸びる。「アイ」の発音は真面目で、覚悟が要る。私がこのことばを照れずに言えるのは、子どもと老いた親だけだ。意味じゃない、発音が真面目すぎて、それに見合う気持ちになれるのは、命に責任のある相手だけなのだ。

先日、ある七〇代の美しいマダムが、「夫は、私のこと、ものすごく好きなの。でも、愛してはいない」と、おっしゃった。ネガティブな言いぶりではなく、事実としてにこやかに。彼女は、とても強い人。頭がよく華やかで、どんなところにいても、場の雰囲気を牽引《けんいん》する人である。夫がいなくても、さんさんと輝く太陽だ。やはり、愛ということばは、どちらかが「この人の、命の輝きに責任がある」と思っていないと、そしてもう片方が「この人がいないと生きていけない」と思っていないと成立しないのかもしれない。双方がそう思い合える二人が、愛し合うカップルということなのだろう。

とするならば、夫が弱くなったら、私も夫に愛ということばを使えるのかもしれない。そして、私が、それよりももっと弱くなったら、夫も愛ということばを使うのかも。

そうであるならば、人が弱って死んでいくのは、最後に誰かに愛されるためかもしれない。

触感でしゃべってきた私には、こんなふうに、ことばの周辺にたくさんのものがたりがある。音を伝えるためにしゃべるのだとは、思いもよらなかった。

ある人は、「あなたの声は、ラジオのマイクを通すと、肉声で聞いたときと少し違う。

柔らかくなる。ラジオのマイクだけが拾って強調する音声情報があるのでは？」と指摘してくれた。おそらく息の風圧の揺らぎなのだと思う。

アナウンサーにしてみれば、雑音だ。昔、民謡歌手が、ろうそくを口の前において、ろうそくの焰《ほのお》を揺らさずに大きな声を出す訓練をしたという話を聞いたことがある。私はその逆、声が小さいのに、ろうそくの焰が揺れるタイプ。けっして、聞き取りやすい声ではない。

それにつけても、ワタナベ先生の感性の鋭さには舌を巻く。私の人生で、私が触感でしゃべっていることを指摘したのは、後にも先にも、この方ただ一人である。

イホコという名で育ち、触感を頼りにしゃべる癖があり、物理学に出会った。私の中の、こういう素地が、これから述べる語感の数値化につながったのだと思う。

お釈迦様の掌

話を語感を研究し始めた一九九一年に戻そう。

一九九一年七月、「はい」「ええ」「そう」のランダム挿入に失敗したすぐ後、私は産休に入った。翌八月、初めての子を産んだのである。

私は、生まれたての子と時を過ごしながら、語感を数値化する方法を模索した。高校二年で物理学に夢中になって以来、すっかり忘れていた「ことばの不思議」にふたたび戻ったことに感慨を覚えてもいた。

——結局、ここに帰ってくる。最先端の素粒子論を学び、未来的な人工知能の研究に携わった。田舎の高校の教室の片隅から、うんと遠くに行ったその果てに、幼いころから見つめてきた「ことばの不思議」に使命が戻ってくるなんて、お釈迦様の掌を飛ぶ孫悟空みたい。人生って、こんなふうにつじつまが合うものなのか。

いや、所詮、私が、ことばが好きでたまらないだけだ。だから、無意識のうちに語感にこじつけて、ここに帰結してしまう。「はい」「ええ」「そう」なんて、別にこだわる必要はない。「今のテクノロジーでは無理」と片づけてしまえばいいのだ。発注仕様に、それは入っていないのだから。つじつまが合ったのではなく、私が、合わせているのにすぎない。子どもが生まれて時間はいくらだって欲しいのに、これ以上、開発の負荷を増やすことはない。忘れてしまえばいい。

そう囁《ささや》く、私の中の私がいた。

でも。

そんな私に、「大型機初の日本語対話」のミッションが、飛び込んできたのはなぜだろう。一言も、「対話」をやりたい、「ことば」をやりたいと言ったことはない。関連の学会に顔を出したこともなかった。ヒトの脳神経回路を模したニューラルネットワークや音声認識、自動翻訳など、人工知能全般の開発タスクを淡々とこなしていただけである。なのに、ある日、あの仕事は、真っすぐに私を目指してやってきた。他のめぼしいＡＩエンジニアが断ったにせよ。

神さまはいるのだ。いや、この話の流れでは、お釈迦様か。いずれにせよ、この世を司る自然界の大きな力の存在を感じた気がした。前へ進んでみようと思った。

そのときは、まさか、かたちになるまでに一〇年、世の中に認めてもらうために、さらに同じくらいの年月がかかるなんて思ってもみなかったけれど。

ことばの音には意味がない？

文学部に行くべき場所がないと悟った高校時代から一五年が経っていた。あのころは、学術領域に答えがなかったけれど、今はあるかもしれない。そう思って、まずは、言語学の領域に答えを求めてみた。

一九九一年当時、言語学の領域では、語感に関わる学問は「音韻象徴論」というかたちで辺境にあった。学界は音韻象徴の存在に否定的で、ある先生は「恣意《しい》性」ということばを教えてくださった。恣意性――大辞林第三版によれば、「ソシュールの用語。言語記号の音声面（能記）と意味内容面（所記）との間には自然な結びつきが存在しないこと」とある。言語学の常識だと諭された。

ハヤイと発音したときの息の速さや、タカイと発音したときの口腔の高さ、あれは、無関係だと言うのだろうか。私には、現代言語学の祖ソシュールの言明が、どうにも納得がいかなかった。

それでも粘ると、ある先生は「キレイもキタナイも、スキもキライも〝キ〟を使っている。では、キの意味って何？　ほら、そこには意味がないでしょう」と解説してくれた。確かに、この説には、完全性がある。一言も言い返せない。その場では、完敗してしまった。

しかし、帰り道、「アキレスと亀」のような「そこに入り込むとどうにも抜けられない錯覚」が潜んでいるような気がして、なんとも釈然としなかったのである。

「アキレスと亀」とは、足の速いアキレスが亀を追い抜けないという小話だ。アキレスが亀に追いつこうとすると、アキレスが亀に追いつくまでに、亀は少し前に出ている。その差を縮めようとすると、その間にまた亀は少し前に出ている。アキレスは永遠に亀を追い抜けない、というパラドックス。

アキレスが亀を追い抜く瞬間までの時間を無限に分割しているだけの話で、当然、時間が着々と進む現実空間では、アキレスは、やすやすと亀を追い越していく。だが、この話に聞き入ってしまうと、本当にそんな気になってしまう。

ことばの音に意味がない、という論法は、私には、「アキレスと亀」を思わせて仕方がなかった。

実際に、ことばの音に自然法則的な効果はあるのに（実際にアキレスは亀を追い抜くのに）、一言も言い返せない、完璧な説明が存在する。

完璧すぎておかしい。違う世界観に入り込んで、出てこられないのではないか、と私は思った。私は今、亀を追い越せないアキレスになっている。ここを抜け出さないことには、一歩も先に進めない。

言語学には壮大な成果があって心から敬服しているし、「無人島に一冊だけ持っていく本」なら、白川静《しらかわしずか》先生の辞書のどれかと決めている私だが、一九九一年の語感の研究に

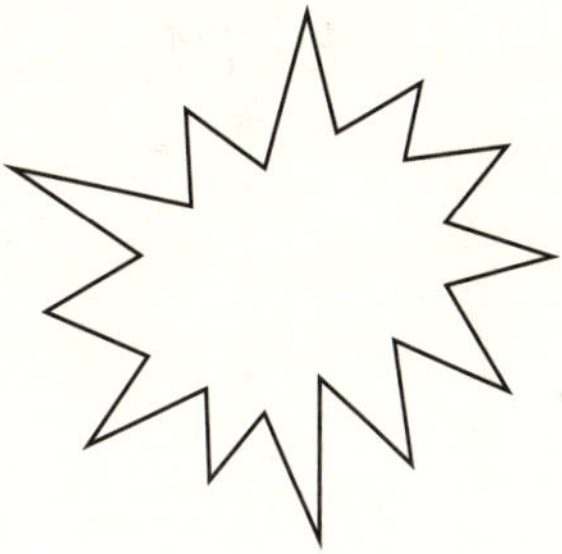

図①

図②

おいては、言語学領域に安住の地はなかった。

ブーバキキ効果

心理学の世界にも、答えを求めてみた。語感を解き明かす理論を見つけ出すことはできなかったけれど、興味深い命題があった。ブーバキキ効果である。

被験者に、二つの図形（図①②）を見せて、こう尋ねる。「この二つの図形は、とある国で、ブーバとキキと呼ばれる二つの図形です。あなたはどちらがブーバで、どちらがキキだと思いますか」。すると、ほとんどの被験者が、①をキキ、②をブーバだと答えるのである。

類似の質問もある。「ミルとマルは、いずれもテーブルを表す単語で、大きさによって使い分けられています。あなたは、どちらが大きなテーブルで、どちらが小さなテーブルだと思いますか」

この質問でも、ほとんどの被験者が、ミルが小さなテーブル、マルが大きなテーブルと答える。

一九二九年にドイツの心理学者ヴォルフガング・ケーラーが提唱して以来、多くの心理学徒がブーバキキ効果の実証に挑んでいるが、実に九八パーセント以上の被験者が、同じ答えを出すといわれる。しかも、被験者の母語や年齢によらない。

ちなみに、大脳皮質角回に損傷のある人は、この傾向を示さないという。脳に特定の障害をもつ人がブーバキキ効果を示さないとなると、これは、この障害部位に関わる「脳の機能」ということに他ならない。

九八パーセントという数字には、明らかに「意味」がある。音韻が脳に与えるイメージには、やはり、何らかの自然法則があるのだ。

ヒトが人生最初に発音する子音

ことばとイメージの間には、自然法則が存在する。心理学の知見は、それを裏づけてくれたものの、なぜ脳は、モクモクの図形をブーバだと感じ、トゲトゲの図形をキキと感じるのか、その答えは得ることができなかった。

ここにこそ、語感数値化の鍵があるのに。

答えが見つからないまま、私は、産休を終えて職場に復帰した。バブル期の開発現場の忙しさに呑み込まれて、しばらくは語感のことを忘れて暮らしていた。

しかし、答えは意外なところからやってきたのである。

答えをくれたのは、小さな小さな私の息子だった。

息子は、哺乳瓶を嫌って、乳房からのおっぱい以外は、水一滴さえも飲まなかった。このため私は、息子が一歳になるまで、浅草橋の自宅と武蔵小杉（川崎市）の会社を、一日二往復していた。お昼休みと授乳時間を合わせて、会社から与えられた時間は一時間五〇分、息子の傍にいられたのは一五分ほどだった。私もあわてているし、彼もおなかを空かしてあせっている。大きく口を開けて、一心におっぱいに迫ってきた息子が、あるとき見事にくわえ損ねた。

そのとき、彼の口から出たのが、美しい単体子音のMだったのである。

厳密には、息の音が誘導したM音で、hamm と聞こえた。日本人は、語尾のM音には、つい母音をつけてしまう。たとえば、claim は、つぃクレイム（mu）と発音してしまう。なのに、彼が人生最初に発音した子音は、無駄な母音を付さない、単体子音のM音だったのである。

おっぱいをくわえ直した息子の口元を見ていて、私は、あ〜なるほど、と思った。Mの口腔形は、おっぱいをくわえたときの口のかたちなのだ。舌の上に空洞を作り、そこに息を満たしつつ、鼻腔を鳴らす。ハミングの音である。彼はおっぱいをくわえるつもりで、あらかじめ舌の上に空洞を作っていたので、くわえ損ねた際にM音が出たのだ。

〝おっぱいの口腔形〟Mは、赤ちゃんが最も発音しやすい子音に他ならない。世界中の赤ちゃんが、おっぱいをくわえたまま鼻腔を鳴らし、mmm という声を出している。

そう、ヒトが人生最初に発音する子音は、M音なのである。

Mの奇跡

M音は、舌の上の空洞に、柔らかい息を満たしていく音だ。

舌の上に、まったりとした息の感触を与える。それは、なめらかなスイーツを舌の上に載せた感じとよく似ている。そのうえ、唇を閉じるので、口の中に甘くこもって響く音なのである。

甘い（マに強いアクセントがある）、満ち足りた、満足感、ミルク、そしてママ。これらのことばがM音でできているのは、偶然ではない。ことばを発音したときに口腔周辺で起こる感覚が、まさに、ことばの意味と呼応しているのである。

私は、ふいに胸がいっぱいになった。息子は、やがて、おっぱいをくわえていたことを、忘れてしまうだろう。しかし、彼が人生でM音を発音するとき、彼の脳の中には、おっぱいをくわえたときの、甘くまったりした感触が蘇るのである。息と音響によって。彼がMの単語を発音する度に。たとえば、彼が私を「ママ」と呼ぶ度に。

考えてみれば、世界の母親がM音で呼ばれている。欧米語ではmama ママかmamma マンマかmammy マミー。中国語もロシア語もスワヒリ語もmama である。

私は、得心した。語感とは、発音の体感によって生じる、脳のイメージのことだ。口腔周辺に起こる物理効果と言い換えることもできる。

息子が人生最初に発音した子音は、私に、「この世の謎」の答えをくれたのである。まさにMの奇跡である。

ちなみに、**赤ちゃんがM音とほぼ同時に発音し出すのが、PとBだ。**授乳で緊張した口輪筋をリラックスさせるかのように、プーとかブーとかの両唇破裂音で遊んでいる。というわけで、「ママ」「パパ」「バーバ」は、比較的、早い時期に言える。

可哀そうなのは「ジージ」である。歯擦《しさつ》の濁音はテクニックが要るので、なかなか言ってもらえない。嫌われているわけじゃないので、落ち込まないで。

キキが尖っている理由

先に述べた言語学者の「キレイもキタナイも、スキもキライも〝キ〟を使っている。では、キの意味って何？」にも、今なら答えられる。

K音は、喉を硬く閉じ、強い息をぶつけて出す、喉の破裂音である。息が口腔を抜ける速度は最速。口腔表面は乾く。つまり、「硬く、強く、スピード感があり、ドライ」がカ行音のもつ基本イメージなのだ。

中でもキは、口腔を狭くして出す、喉の破裂音。口腔の硬く狭い通り道を、強い息が一気に通り抜ける。「尖った」「突出した」「内から強く出るもの」を彷彿とさせる。

スキ、キライ、キレイ、キタナイ、どれも、突出した事象に使う、内から出る強い気持ちを表すことばだ。キは不可欠であり、必然であるように思う。

ブーバキキ効果のキキは、「尖った」印象を作り出すキが二つ重なる。モクモク図形とトゲトゲ図形を見せられたなら、後者をキキと答えてしまう理由は、おそらくここにある。ブーバのほうは、唇をふっくら膨らますB音並び。こちらも、モクモク図形に合っている。

ちなみに、宮崎駿《みやざきはやお》監督の「魔女の宅急便」の主人公の名もキキ。前向きで、一途で、ちょっと尖っている彼女にぴったりの名前だった。彼女の名前がリリだったらもっと華やかな、シシィだったらコケティッシュな見習い魔女になっていたはず。ものがたりの登場人物の名前は、とても重要だ。いつだったか、作家の誰かが、「登場人物の名前が決まったら、後は、ストーリーが勝手に動き出す」と言ったが、わかるような気がする。


卑弥呼のカリスマ性は江戸時代に上がった？

キがもつ「内から強く出るもの」は、イ段音に多い体感である。**イは、喉の奥から、舌の中央にかけて、強い力を走らせ、内から外へ向かう「強い前向きの力」を感じさせるか**

らだ。
チは唾が舌先にまとまって前に出る（下の前歯の手前にたまって、一部飛ぶ）ので重い水分を感じさせる。血に、この音韻が与えられたのも納得できる。シもまた唾が飛ぶのだが、こちらは飛沫《ひまつ》。放射状、霧状に広がる。しぶき、シャワー、スプラッシュなど、口元に起こる事象と、ことばの指し示すものがあまりにも一致している。

肺の中で温められた息を、咽喉の一点（ノドチンコの付け根あたり）に一気にぶつけるヒは、熱く乾いている。火にこの音韻が与えられたのも納得がゆく。**喉壁を押し広げて、肺の息を一気に出すハ行音は、どれも肺の息の熱さを感じさせる音**だが、ホ（炎）やファ（ファイア）には大きさや広がりがある。

なお、ヒは不思議な音韻で、日本語では、「火」に与えられたが、「氷」（氷雨《ひさめ》、氷室《ひむろ》）にも「冷」（ひえ）にも与えられた。実は、ヒは、喉に熱くぶつかった後、上あごを放射状に滑って温度が下がるため、唇に当たるときには意外にも冷たいのだ。日本語の音韻の中では、最も熱く、そして冷たい音。冷たいものに使っても、音韻と体感イメージが合致するのである。

熱さと冷たさは、情熱と冷静を感じさせて、カリスマ性を作り出す。卑弥呼は、ヒミコだから伝説の女王の名にふさわしいのでは？　キミコ、ミミコ、リミコ……他の子音では、愛らしさが勝ってしまう。

ちなみに、卑弥呼が生きた時代、ハ行音は、今の発音ではなかった。古代日本語ではP音が使われ、やがてF音に転じた。室町時代のなぞなぞに、「母には二たびあひたれども、父には一度もあはず」（『後《ご》奈《な》良《ら》院《いん》御《ぎょ》撰《せん》何曽《なぞ》』）というものがある。答えは「くちびる」。つまり、ハは唇が合っていた。安土桃山時代にポルトガル人によってアルファベット記述された日本語では、ハ行音でFが使われていたという。今のような「唇を合わせないで、息を上あごで強く擦って放射するH音のヒ」になったのは、江戸時代初期とされる。

つまり、古代、卑弥呼はピミコまたはフィミコであった。卑弥呼は呪術を使う女王とされるが、ピミコやフィミコで頭に浮かぶ姿と、ヒミコのそれでは、ずいぶんとカリスマ性が違うような気がする。氷室京介が、ピムロキョウスケだったら……う〜ん。

ヒッチコック監督の名は、それだけで、ちょっとヒヤッとするほど怖い。鋭い音二つ（ヒ、チ）を、発音エネルギーを増幅する促音（ッ）でつなぐなんて……しかも、硬い音二つ（コ、ク）を促音でつなぐ音節をさらに重ねて。恐怖映画に冠するブランドネームとして最高だ。

私はネーミングの際に、**クールで高級感のあるアクセントとしてH音を使う**が、組み合わせる音韻には、細心の注意を払う。怖さが出すぎないように。

クールな音たち

日本語の拍《はく》（カナ一文字に当たる音韻単位）において、クールなのはヒだけではない。

ツもまた、冷たいのである。

ツは、ヒと同様に、上あごにぶつけた息が滑り出る音だ。ヒの息は喉奥にぶつけられて、上あご全体を滑る。ツの息は、喉の中央前よりにぶつけられて、上あごの前半分と前歯の裏を勢いよく滑る。

熱力学には、「流体の移動距離に対し、触れる表面積が広いと、流体の温度が下がる」という法則がある。空冷機はその原理でできている。ハニカム（ハチの巣）構造やひだのように折りたたんだような複雑な構造体に空気を通せば、触れる表面積が広いので空気が冷えるのだ。上あごも舌も歯の裏も表面に凹凸がある空冷構造であり、舌を盛り上げてくねらせれば（ヒもツもそうなる）滑る距離が増える。上あごを滑らせる音は、だから、クールなのである。

ひえる。つめたい。日本語は、それを知っている。

空冷効果を最も活用しているのは、サ行音Sである。

S音は、舌先を前歯の裏に近づけ、息の通り道を細く長くして出す、すき間風の音。すき間もSで始まることば。英語でも、すき間はslit スリット。イタリア語では、午後の後半から夕刻にかけての時間をsera セーラと呼ぶが、私のイタリア語の先生によると、元はすき間という意味だそうだ。一仕事を終えて、眠りにつくまでの間のリラックス時間。なのに、中央イタリア出身の先生は、なんと二時くらいからBuona sera! ブォナセーラ!(いいseraだね!)と挨拶する。「もう?」である。

爽《さわ》やか、涼やか、清涼感、爽快、楚々《そそ》。S音には、口腔表面を冷やして通り過ぎる風を思わせる単語が多い。**高温多湿の日本では、空冷のS音は、言われて嬉しいことばに多く使われているような気がする。**

空冷効果は、カ行音Kにも効いている。凍る、凍《こご》えるのコ。英語のcool クールもまた、発音すれば、口腔が冷えるのである。

そして、唇が凍えるほど冷たいのがフ音Fだ。英語のfreeze フリーズ(凍る)。イタリア語でも、寒い・冷たいをfreddoフレッドと表現する。日本人は、汁ものを冷ますときに、この音を使う。不誠実、不機嫌、不人気、不幸などに使う「不（フ）」は、唇が凍える感じが、そのことばの意味を増強しているようで興味深い。そして、「永遠の愛」を誓い合った男女を「フウフ」と呼ぶのは、こはいかに。

サクラの秘密

息の空冷効果を使わないのに、冷たい音がある。ラ行音だ。

ラ行音は、舌先を尖らせ、側舌を膨らませる。舌が花びらの形になるのだ。その舌を、前歯の付け根当たりにいったんくっつけて、ひらりと翻《ひるがえ》す。舌の裏側を空気にさらすのである。舌の裏をここまで空気にさらすのは、ラ行音だけ。ここを空気にさらすと、体感温度がすっと下がる。空冷ではない、凛とした静かな冷たさ。冷蔵庫のレイ、幽霊のレイである。

ちなみに、同様の発音構造をもつのは、アルファベットではLとR。日本語のラ行音は、前後の音韻によって、Lになったり Rになったりする。私の母校は「奈良」にある「奈良女子大」だが、研究室を訪れるアメリカ人研究者に「あなたたちは、奈良と言うときは

Nara、奈良女子大と言うときは Nala と発音している。同じ単語だとは思わなかった」と指摘されたことがある。

ラ行音は、〝花びらを翻す〟ので、華麗な音でもある。

サクラ、スミレ、バラ rose、ユリ lily、スイレン、レンゲ、リラ……花の名にラ行音は多い。

サクラは、一陣の風を思わせる「息の風サ」、一点がしっかり止まった感じがする「喉の奥の強く小さな緊張感ク」、花びらが翻る「舌の翻しラ」でできている。発音すると、口腔表面が拭われて、清潔になった感じもする。あの群れて咲く花をサクラと呼べば、一輪一輪の清楚な姿と、潔く散りゆく姿が胸を打つ。

しかし、あの花を cherry blossom チェリーブロッサムと呼んでしまうと、舌が揺れる拗《よう》音（チェ）と、唇が振動する（ブ）の効果で、「累々と重なるイメージ」が喚起され、あれを「群れの一房」に見てしまう。アメリカ人女性が夜桜を見上げて「ポップコーンみたい、おいしそう」と言ったと、サクラを愛する友人が嘆いていたけれど、さもありなん。〝触感の魔女〟私も、cherry blossom と呼べば、あれが、モコモコの泡に見えてくる。

サクラが旅立ちの歌に使われるのは、単に卒業式のシーズンに咲くからじゃない（そもそも、日本の多くの地方では、入学式の花である)。あの賑やかに咲く花をサクラと呼んで、一輪の清楚と、散りゆく潔さに意識を向けるからこそ、旅立ちの若者に、そのことばを贈りたくなるのだろう。

母語喪失

ことばには、こうして、「そのことばを使う人に共通の概念」が潜んでいる。それを伝えていくのが、母語だ。

母語でないことばで子どもを育てるのは危ない。「そのことばを使う人に共通の感性」を伝えきれないからだ。

たとえば、日本語で育った母親が、英才教育で幼児に英語を使わせる。サクラを見上げて、"Look! It's a cherry blossom."とかなんとか。そのとき子どもは、散りゆく一輪を愛でるのではなく、モコモコの花房を面白がることになるかもしれない。そうなれば、二人の間に、通じない感性が生じてしまう。

その言語が日常に使われない土地で、その言語を母語としない人から第一言語を獲得すると、「そのことばを使う人に共通の感性」がどうしても欠落してしまう。母語におけるそれは、光景や話し手の所作と密接に結びつくからだ。その第一言語は、脳の中で母語になれない。母語喪失という事態を招きかねない。

ただし、家族の中に別の母語の使い手がいる場合は、このかぎりではない。複数の言語の中で育っても、それぞれが「その言語を母語とする人」から自然に与えられる分には、与えられることばは、どれも「光景」と「所作」を伴っている。

しかし、「その言語を母語としない人」（あるいは機械）から、記号的に第一言語の大半を与えられてしまうと、周囲との親和性が薄くなる可能性が高い。周囲はこの人と心が通じた感じがしないし（サクラをポップコーンに見立てて、面白がるなんて）、本人は自分が異邦人のように感じてしまうのではないだろうか。本当の英語人なら、お国に帰れば同じ感性の人がいる。母語喪失の人たちは、どこにもそんな「お国」がない。

そして、自らの心の痛みや喜びを、余すところなく他者に伝えることばを持たない。自らの心が表現できない以上、他者の心を読み解くすべもない。心が通じない。これこそが、母語喪失の恐ろしさである。

とはいえ、本人は、あまり深刻じゃないかもしれない。人生の最初から「深く、微細にとらえる、心のことば」を持たないのだから。おおむね「人の思惑があまり気にならない、軽やかな国際人」でいる感覚だろう。そういう感覚の持ち主が活躍する場所は、もちろんある。

しかし、私は、息子と心が通じる状態で生きていきたかったから、「私の愛する日本語」を一生懸命、幼い息子に伝えた。授乳中には、よく唱歌を歌ったっけ。小学唱歌には、私の愛する音韻並びが、たくさん登場するからだ。「菜の花畠《ばたけ》に　入日薄れ　見渡す山の端《は》霞《かすみ》深し」なんて、発音しただけで泣けてくる。

「はい」は迷いのない忠誠心

さて、そろそろ「はい、ええ、そう」に決着をつけよう。

「はい」は、喉壁を広げて、肺の中の空気を一気に排出するハと、前向きの強いベクトルを作り出すイでできている。

「一瞬のうちに、肺の中の息を使いきる」という意味で、ハは速い。日本語の拍の中では、ハの速さは圧倒的。速い、疾風《はやて》、ハヤブサ……日本語は、その速さを知っている。

ちなみに、ハは速すぎて、口腔がスピード感を味わう暇がない。「スピード感」で言えば、息の風を感じるヒ、サ行音、カ行音に軍配が上がる。ヒカリは、比較的おっとりした音韻が多い大和言葉の中では、圧倒的なスピード感を呈する。昭和の高度成長期、技術の粋を集めた超特急に、この名が与えられたのは必然のように感じる。

「静かに、あっという間」を脳に感じさせるハに、前向きのイ。**「はい」は、「電光石火であなたのもとに」という語感をもっている。**迷いのない忠誠心だ。命令や問いかけに応えることばに、最も適した二文字を探せと言われたら、この二文字を超えられる音韻並びはない。

したがって、用事があって、部下や専門家を呼んだとき、「はい」と応えてもらうと、信頼とスピードを感じて、安心できる。「はい」の美しい人は、必ず出世する。

しかし、空冷効果のあるH音ハは、重ねると冷たさが募ってくる。「はい」が続くと冷たい、というのは、心で起こる「気持ち」だけど、そもそもは口で起こっている現象なのである。

すべてのことばが語感効果でできているとは言わないが、日常語の多くは、語感効果でやりとりされている。心を持たない人工知能に、人の気持ちを慮《おもんぱか》るすべを与えるとしたら、「ことばの語感の物理効果」を与えることが最も簡便で有効な手段である、と、私は考えている。

「ええ」は思慮深さ

「ええ」は、舌を広げて下奥に引くエが二つ。エは、音の発現点（音が響く場所）が前（唇側）にあるのに、筋肉の緊張点が喉の奥にあり、この二点の距離が最も遠い母音である。このため、エ段音は、「距離の遠さ」や「時間の長さ」を感じさせる傾向にある。

ブタイは狭いが、ステージは広い。ミラノにはモダンを感じるが、アテネには古《いにしえ》を感じる。いちごは近いが、エチゴは遠い。

また、エは、口腔が低く、舌が平たく広くなる。遠い上に、広い。遠くはるかな視点＝展望を感じさせてもいる。

そのエを、二つつなげて肯定語に使えば、その広い視点が際立つ。「すべてを見渡して、それを肯定します」というニュアンスを伝えるのだ。

「おれって、いい男だろ？」と聞いて、「はい」と言われるのと「ええ」と言われるの、後者のほうが嬉しくない？

「はい」は忠誠心を感じるので、客観評価のような気がしない。**「ええ」には、「いろいろ見てきたけど、確かにあなたはいい男」と言ってもらった感じがする。**知恵とエレガンスを感じさせる大人の女性の肯定語だ。男性脳は客観性が大好きなので、女性たちはもっと

「ええ」を使ったほうがいい。

「いいね」と言うと前のめり、「ええなぁ」と言うとちょっと下がって眺めた感じがする。関西人は、この二つを本当にうまく使い分けている。

一方で、すっと距離を置く「ええ」は、「急ぎ、お願い！」とか「型番A301は、この機種に使えますよね？」のように緊急性や確実性を要する質問には適さない。スピード感がまるでないし、距離を置かれたことで迷いを感じるからだ。

「そう」は包み込むような優しさ

ソは、息の隙間風Sを子音に持ちながら、口を大きな閉空間にする母音を従えている。舌を上あごに近づけておかないと出せないSに対し、下あごを潔く下に引くoの組み合せだ。

このためソは、シやスに比べて、息の噴射が少ない。ソの息は、半分は噴射され、半分は口腔内に留まって回り込み、温められる。**ソには、爽やかさと温かさが共存するのである。**

上あごを滑って、爽やかに抜けていく息と、大きく閉空間にした口腔表面を優しく滑って、温められていく息と。口腔内を包み込むように息が滑るので、ソには、包み込むような優しさがある。ケンスケは闘ってくれそうだが、ソウスケは優しく見守ってくれそうだ。

上あごには二度息が当たり（最初は滑り、二度目はふわっと）、「爽やかに拭き清められた」後、「優しく温められる」のである。尖った気持ちをなだめ、慰撫《いぶ》してくれるかのような音である。

というわけで、「そう」は、なだめるために使われる。「俺が言ってること、間違ってないよな！」なんていきり立った人に、「そうね、一理あると言わざるをえないわね」のように。まるっと肯定はできないけど、ストレスを減衰させてあげたいときに使われている。

そして、長い会話の間にちょっとはさむと、ストレスが減じる。

「はい」「ええ」「わかりました」「そうですね」

「はい」「ええ」「わかりました」「はい」

この二つの流れなら、前者のほうが聞き上手に感じられるはずだ。優しく包み込んで、着地。会話を気持ちよく終わりにできて、対話満足度が上がる。

会議の最後によく「それでは」を使うのも、この効果を、無意識のうちに使っているのだと思う。「それでは、これで」「それでは、次回に」「それでは、また」……会議中のあれやこれやを一掃して、遺恨なく終わりにするのに、かなり貢献している。

一方で、即座に確実に肯定してもらいたい場面で、「そう」なんて言われたら、そりゃ不安である。

母の所作を伝えることば

ソウと言えば、ソウジ（掃除）という語感は、つねづね秀逸だと私は思っている。ソという音韻一つが、「掃き清めて、整える」、二つのことを伝えるからだ。息が二度上あごに当たり、最初は滑り、二度目は温かく触れる。私には、箒で玄関先を掃いた後に、その箒の筋目をそっとなじませる、母や姑の所作を思い出させる。

clean up クリーンナップという発音は、潔く一掃する感じがあって気持ちいい。私がもし幼子で clean up と言われたら、掃いたり拭いたりすることに集中するだろう。ソウジには、それだけじゃない何かが付いてくる。「整えて、落ち着きなさい」という感じ。清めて（ソの前半）、整えて（ソの後半＋長音）、落ち着く（強い摩擦音ジ）。たった一つのことばがそれだけの情報をもっていて、私に、母や姑の美しい所作を思い出させる。

姑が亡くなって四年になる。実家の母は玄関先を掃かなくなって久しい。それでも、二人の母の所作は、「掃除しなきゃ」とつぶやく度に私に降りてくる。掃いた後に、掃き目を整える。掃き目ができない床の上でも、一方向に掃いた後に、もう一度、別方向に掃く。拭くときも一緒だ。

その所作に、合理的な観点からは意味がないのかもしれない。clean up ということばのもとに、大型クリーナーで一掃してしまうほうが徹底してきれいになるのかもしれない。しかし、日本家屋で、掃き目や拭き目を手で整えられた空間はやはり気持ちがいい。私たちは潜在意識でわかるのだと思う。そこが、思いをかけられた場所であるかどうかが。

私はだから、孫にも"Clean up your room."なんて絶対言わない。たとえ、英語が母語の孫をもつことになっても、私が伝えるのは「掃除」である。母たちにもらった私の所作は、そのことばでしか表現できない。

これこそが母語の底力である。所作と意識と意味が一つにパッケージされていること。

英語ネイティブの人たちにも、きっと、そのことばでしか伝えられないことがあるのだろう。英語では、日本語の掃除に当たる表現にもう一つ、tidy up タイディアップがあり、こちらは「整える」ほうに重きがあるのだそうだ。「清める」と「整える」を分けたのには、きっと、このことばを生んだ人たちの住む空間と所作と意識のありように根ざした理由があるのにちがいない。二つに分けたからこそその美しさが、そこにはあるのかもしれない。

どちらが正しいとか、上だとか、そんな論議をするつもりはない。私はただ、母たちの所作を孫に継承したいだけ。生きた深いことばを伝えたいだけ。clean up & tidy up を「生きた深いことば」として継承するならば、そのことばで暮らしてきた先祖と家と土地が要る。そちらは、私にはできない。

最も怖い愛人の名

人が人生で一番多く使うことばは、名前であろう。名の語感は、やはり無視できない。あるとき、大人の女性ばかりの気楽な食事会で、テレビドラマの話題の流れを受けて、「愛人の名で、一番腹が立つのは?」という話題になったことがある。

「あや」「わかるわかる〜。ちょっと魔性な感じがする」

「りさこ」「あ〜、華やかで頭がよさそう。キャリアウーマン系」

「まゆ」「女として、得してる気がする」

と盛り上がった。やり玉に挙げられるのは、やはり美人ネームである。「いほこは?」

「あ〜、ゆるくて、長続きしない感じがするからいい」（なんだそれ）

そのとき、一人が「たかこ」と言い、みんなが「え」と顔を上げた。その名は、みんなの「愛人ネームリスト」に入っていなかったのである。「たかこには、負ける気がする。そっちのほうが正しいみたいだもん」

タは、口腔が最も高く上がる音、カは二番目に高く上がる音だ。タカは、高いのである。ちなみに、カは、喉が最も硬くなる音、タは、舌が最も硬くなる音。カタは、硬いのである。

気高く堅い、この名の持ち主が、半端な恋を遊ぶとも思えない。夫の愛人が発覚して、その名がたかこだったら、妻に相当の覚悟が要る感じがするのだ。「確かに、たかこが一番、怖い」と皆しんとしてしまった。

たかこが、怖い名なのではない。気高くて、凛としているのである。正しく美しい名だ。その名が、愛人の名なのが怖いのである。

それにしても、この名で呼ばれたら、宿題をさぼったり、掃除をいい加減にできないような気がする。もしも、読者にタカコさんがいて、ときに自分ばっかり頑張っているような気がしてつらいなら、周囲に、ゆるいニックネームで呼ばせるといいかもしれない。名は即効性がある。気楽な名で呼ばれた瞬間に肩の荷が下りる。

「いほちゃん」なんて呼ばれたら、ほんっと楽。その代わり、よく「大丈夫？」と聞かれることになるかも。この名で呼ばれてしまうと、どこに行っても「皆の妹分」になってしまうのだ。「黒川先生」と呼ばれるのと、まったく様相が違う。

体幹力ネーミング

私の旧姓は、ヨシザワという。舌を優しく揺らすY音で始まり、第二アクセントに強い摩擦を感じさせるZ音をもつこの名字は、落ち着いていて、奥行きがある。このため、なんとなく初動が鈍るのである。ヨシザワさんと呼ばれたり、名乗ったりすると、身体が、一呼吸おいてゆっくり話し始める感覚になるのだ。優雅なのは間違いないが、私の場合この後に、息を使い切るイホコが待っているので、なんとなく重たかった。

黒川にプロポーズされたとき、「この名字いい！　ゲット！」と思ったのを覚えている。もちろん、受けた理由は名字だけじゃないけれど。

硬く小さいクで始まり、舌を丸めてひっくり返すロ、喉の破裂音カと続くこの名を名乗ると、体幹に力が集中し、すぐに立ち上がれるし、すぐにしゃべれるのである。ドライな

K音、クールなR音が入っているのも絶妙。キャリアウーマンの味方、時短と積極性を引き出す、体幹力ネーミング。

幼なじみに久しぶりに会って、「結婚して、目が覚めた？　なんだか、はきはきしてるね」と言われたことがある。触感でしゃべる私には、語感効果は絶大なのかもしれない。

逆に、落ち着きたい人には、ヨシザワはお奨めである。迫力が出る。私の父は高校教師で、ヨシザワ先生と呼ばれたが、おだやかな表情で人の話をよく聞いて、迫力とユーモアのある一言でまとめる父に、本当によく似合っていた。

職務と名前の、素敵な関係

あるデパートで、バイヤー向けのマーケティングセミナーをしたとき、ワークショップのグループ分けに「いろいろなイニシャルが混じるようにしてください」とお願いしたら、「ほとんどSとKしかいないので、混ぜられない」と言われて、驚いたことがある。カトウ、キムラ、クロキ、コサカ、サトウ、サカモト、シマダ、スズキ……そんなふうに、五〇～六〇人ほど。学校の一クラス強くらいの人間が無作為に集まって、この偏りは通常ありえない。バイヤーのような、素早い判断と軽やかなフットワークを要求される仕事には、スピード感のある名前の持ち主が自然と集まるのかもしれない。

一方で、人事担当者向けのセミナーを行うと、N、M、H、Y、Wが圧倒的に多い。ナカムラ、ヌマタ、ノノムラ、マツモト、ハセガワ、ヤマダ、ワカヤマ……そんなふうに。

こちらは、息をゆっくりと使って、ヒトに優しさと落ち着きを与える名前たちだ。人事担当者に多いのはうなずける気がする。だって、何か個人的な悩みがあって、上司に打ち明けなければいけないとき、「キムラ部長」「タカハシ部長」「マツモト部長」の誰かを選ぶとなったら、名前だけなら、圧倒的に「マツモト部長」に票が集まるはずである。ブーバキキ効果と根は一緒だ。尖って才覚を感じさせるキムラ、気高いタカハシ、まったりと優しいマツモトなのだから。

「秘書が結婚して、鈴木さんから、豪徳寺《ごうとくじ》さんに変わってしまったんです。そうしたら、鈴木さんのときのようには、気軽に用事を頼めなくなってしまった。豪徳寺くん、と呼ぶと、何やら荘厳で、あれってなんだったっけ？　とか、コピー一枚なんて些細なことを頼むのは気が引けてしまって」と微笑んだのは、とあるメーカーの人事部長である。

スピード感のある名前は、呼ぶほうも気楽だし、立ち上がるほうも立ち上がりやすい。

そういう名が重宝される場面は、確かに多い。この名をもつ人たちの、アドバンテージである。しかし、一方で、この名の人がぐずぐずすると、周囲の評価は厳しい。

スズキ・シュンスケが、かけっこが遅かったら、女の子たちはがっかりする。スズキ・シュンスケは、息の疾風が六回も口腔を吹き抜ける（ス、ズ、キ、シュ、ス、ケ）。しかも、舌先の緊張（ス、ズ、シュ、ス）と喉奥の緊張（キ、ン、ケ）が交互に素早く入れ替わる。この名は、圧倒的なスピード感とフットワークの軽さを感じさせるのだ。スズキ・シュンスケと呼ばれて、運動音痴で生きていくのは難しい。周囲の期待が高すぎるのだ。職場でのフットワークの軽やかさも期待される。「シュンスケ！」と呼んで、すぐに返事がなかったら、先輩はちょっとイラつく。

一方で、ノムラ・ユウマが、多少スローでも、周りは気にならない。息が停滞する音（ノ、ム、マ）と、舌が揺れる音（ユ）でできているこの名には、スピードやフットワークよりも、柔和さと熟慮が期待される。「ノムラクン」とか「ユウマ」と話しかけた相手が、優しく話を聞いてくれなかったら、女の子たちは心底がっかりするだろう。

名前には、その名の発音体感によって生じる期待感がある。人は、その期待感をなかなか裏切れない。かくして、名前の語感と、本人の行動や性格との緩やかな相関ができていくのである。
命名は、したがって、人生を与える行為なのかもしれない。

名前をもって生まれてくる

しかし、親になる人は、なにも緊張することはない。名前は、子がもって生まれてくるからだ。

生まれたての命は、その命の色合いを、鮮やかに放っている。息子が新生児室で見せた、「人生を面白がっているかのようなおっとりした雰囲気と、どーんとした感じ」は、二八歳の今に至るまで消えていない。むしろ、日に日に強まっている。小学生のときは、上の子たちに「ムーミンくん」、下の子たちには「トトロ兄ちゃん」と呼ばれた息子である。おっとり&どーん（微笑）。

その息子に、私は、遼平《りょうへい》というハンサムネームをつけようと思ったのだが（発音してみるといい。口腔に風が吹きわたり、表面温度が下がって、爽やかになる）、まったく似合わなかったので断念した。私が新たに提案した「八月一〇日生まれなので、八十輔（ヤソスケ）」は、「古典芸能の家じゃないのに」と家族の賛同を得られず、夫が提案した別の名前になった。悔しいけど、息子にぴったりだった。今は、その名を、彼の妻が嬉しそうに呼んでくれている。

私は、赤ちゃんの名前をつけることは、基本、お引き受けしない。その赤ちゃんの命の波動を感じていない者が勝手につけるのはルール違反だと思っているからだ。

語感の研究をしていながら、私が命名したのは、人生で、後にも先にも一回だけ。生まれてくる双子の女の子に、「伊」で始まる名前を、と所望されたとき。

イで始まる名を二人にあげること（二人がイで始まる名をもってここにいること）を、ご両親は深く確信されていた。ならばいっそ、伊保子さんの「伊」を、とおっしゃってくださったのだ。

その話を聞いた途端、不思議なことに、私の脳裏に、するりと二つの名前が浮かんだのである。それをお伝えしたら、パパが「それが二人の名前だと思います」とおっしゃった。私は、「生まれてきたお嬢さんたちのお顔を見て、これは違うと思ったら、遠慮せずにおっしゃってくださいね」と申し上げたが、それは杞憂に終わった。

同じ「伊」で始まる名でありながら、片方にはキュートな躍動感が、もう片方には落ち着いた理知が漂っていた。語感は、かなり違う方向性をもっていたのである。実際に生まれたとき、ご両親には、どちらの名がどちらの子のものなのか、即座にわかったのだそうだ。夫婦で相談をせずとも、答えは一緒。一瞬も迷わなかったという。育っていく二人の性格も、まさに、それぞれの名のとおりだそう。

名は、子どもがもって生まれてくる。友人知人の赤ちゃんの命名に、何度となく協力した経験上（命名ではなくて、候補名の分析で）、それが私の実感である。親のどちらかが「これがこの子の名前だ」と思えば、それでいい。新生児が見せる個性、あれは間違いようがないもの。

スティーブン・ブラッドレーの宿命

名前には、発音体感が作り出すイメージがある。

これは、人の名以上に、ブランド名・商品名に効いてくる。ブランド名は、そのブランドのイメージを語感で世間に伝えることができるのである。

市場に「豪華さ」をあげたかったらそういう発音体感のネーミングを、「清楚さ」をあげたかったらそういう語感のネーミングにしてみればいい。語感のイメージは、思いのほか潜在意識に働いて（ブランド創生側にも、市場にも）、ブランドイメージを牽引してくれる。

そんな話を、あるマーケティング研究会でお話ししたことがある。

その日のスピーカーは二人。私と、ジャーナリストの手嶋龍一さんだった。手嶋さんは、私の後だったのだが、ご自身のスピーチの冒頭で、私のスピーチを受けて、こう語ってくれた。

曰く——黒川さんの話はよくわかる。『ウルトラ・ダラー』という小説を書くにあたって、イギリスの諜報員である主人公の名前を決めたときのこと。まったく無関係の男女二人のイギリス人に、名前と名字の候補をそれぞれ数十ずつ並べて、主人公のプロフィールに合っていると思われるものを選んでほしいとメールをした。二人はどちらも、ただ一つのフルネームだけを送り返してきた。それがなんと、同じ名前だったのである。それが、小説の主人公、スティーブン・ブラッドレーだ。

『ウルトラ・ダラー』は、インテリジェンス小説（いわゆるスパイ小説だが、冒険よりも巧みな諜報戦に光をあてたもの）である。主人公スティーブン・ブラッドレーは、浮世絵コレクターの祖父をもつ、日本文化に精通したイギリス諜報員。新聞社の特派員として日本に滞在し、極東にはびこる偽札の組織に立ち向かう、という話だ。数十の名前と、数十の名字の候補なので、少なくとも数百の候補がある中から、たった一つが選び出されるとは……！

なんてびっくりしていたら、話はそれにとどまらなかった。小説を書き上げて、いざ発売という段になって、スティーブン・ブラッドレーというイギリス人が極東に実際に配置されていることがわかったのだという。手嶋さんは、悩んだ末に、「無邪気に」出版を進めることにしたのだそうだ。

私は、胸を打たれて、しばらく動けなかった。スティーブン・ブラッドレー。長音（ー）と力強い両唇破裂音（B）が二つずつ使われるこの名は、距離の遠さとタフさを感じさせる。長音は、母音を長く伸ばす音韻で、時間や距離の長さを彷彿とさせる。特に、力をためる拗音（ィ）や促音（ッ）の後に配されると、助走をつけたかのように距離が伸びる。また、口を低く広く使うエ段音（レ）の後に配されると、さらに遠く広い感じが際立つ。「舞台（ブタイ）」は狭いが、「ステージ」は広い。「衝撃（ショウゲキ）」は目の前で起こることだが、「センセーショナル」は世界に広がる。感じますか？

スティーブン・ブラッドレーには、遠くはるばるタフな旅をするという「期待感」を喚起する語感があり、実際に、その期待に応えた生身の人間がいる、っていうことだ。

君の名は

名は宿命であり、名は魔法である。

昔、女性たちは、その名を夫になる人にしか明かさなかったという。イギリスのファンタジーでは、「魔法使いは、けっして自分の本当の名を明かさない」という古典的な手法がよく使われる。

情報が希少で、人々の感受性がとても豊かだった古き良き時代。人は、名前から、濃密な情報を得ていたのにちがいない。とりわけ、名の語感は、愛する者にも敵にも、その人の心のベクトル（人々に自然に期待され、無意識に応えてしまうことの方向性）を知らせてしまう。その昔、名乗るという行為は、とてもデリケートなものだったにちがいない。

愛する人には、心をさらけ出すことになり、敵には正体と能力を明かすことになるのだから。

脳が情報の洪水にさらされて、「君の名」を問うことが命懸けでなくなった現代でも、名はやっぱり魔法である。

私たちは名の発音体感に導かれて、誰かに何かを期待する。スズキ・シュンスケに「軽やかなフットワーク」を期待するように、スティーブン・ブラッドレーに「遠くタフな旅」を期待するように。

それは、ブランドネーミングも同じだ。

心のベクトルを決めるからこそ、日本の匠は、その名を一番弟子に託してきた。欧米のデザイナーたちは、その名をブランド名として残してきたのである。

だから、私は、怖くて、お金をもらって業務で名をつけることができないのである。私が名の候補を口にするのは、自然に降りてきたときだけ。降りてくるかどうかは必ずしも約束できないので、私は、ネーミング開発を丸々請け負うことはしない。クライアントのネーミング開発に寄り添うコンサルティングを生業《なりわい》としている。

その栄光を生み出した人だけに、命名する権利がある。その命（いのち）または命（めい）を失ったとき、強い痛みを伴う人だけに。だからこそ、名付けることにまた「命」という字を使うのだろう。

命は、いのちであり、神に任じられた使命であり、名である。この三つを一つの文字でくくり、さらにかなで読み分ける国に、私は生まれた。命を、人生や暮らしと同じ単語でひとくくりにする国に生きるのとは、きっと違うものが見えているのにちがいない。

第二章　ことばのトリセツ

この章では、日常会話に応用できる語感の話をしようと思う。

D音を多用すると、人生が止まる

プロフェッショナルとして振る舞う現場で、けっしてD音の接続詞を使わない。

これは、若き日に、私が決心したことだ。「でも」「だって」「どうせ」「だからぁ」「ただたさぁ」……これらを使う先輩が、みんなかっこ悪かったからだ。チームの意欲とスピードにブレーキをかける、不快なことばたち。私が、意図的に導入した、最初の語感的対話ルールである。

D音は、けっして悪者じゃない。

Dは、下の歯列いっぱいに舌を膨らませつつ、細かい振動をかけて発音する。どっしりとした感覚が下あごに伝わり、身体全体に広がる。馬を「どうどう」と言って落ち着かせるのは、乗り手の身体がどっしりと落ち着き、ブレーキになるからだ。

ブランドネームに使えば、押しも押されもしない風格を醸し出す。○○堂、○○殿《でん》などに、その効果が見られる。スペイン語の男子の敬称Donが、遠く日本で「財界のドン」などと使われるのは、意味だけではないはずだ。D音効果のなせる業だろう。Diorディオールの迫力も、うっとりするくらいだ。

会話では、ブレーキ役に使われる。

私も今では、テンパっている若い人に「大丈夫」「でもね」「だからなの？」「できないよね」なんていうふうに使っている。気が逸《はや》って、緊張しすぎている人を立ち止まらせ、落ち着かせるのに、D音ほど効く発音体感はない。まさに「どうどう」。

しかし、「自分のために」この音を使うほどカッコ悪いことはない。特にプロたちが。

私は、エンジニアとして無理な日程を言われたときも、「でも、その日程じゃ無理ですよ。だって」などとはけっして言わなかった。口元がかっこ悪くなるのが嫌だったからだ。Dの接続詞を使わなければ、「来週の水曜日までなら、8割ほど完了できます。そこでいったん、報告書を書きましょうか？　すべてを完了させるには、もう二日ください。半端な仕事はできませんから」といった口の利き方になる。まるでデキるエンジニアみたいだ。

Dの接続詞は、気を付けたほうがいい。自分のみならず、周囲の人の意欲にもブレーキをかける。これを多用する上司のもとで意欲を保つのは難しい。そういう親のもとで勉強するなんて、鉄の靴を履いて、泥沼を行くような感じだ。

「そだねー」のコントラスト効果

一方で、ダイスケ、ダイキなど、D音の後ろに、スピード感のある音韻がある場合には、かえって圧倒的な瞬発力を感じさせる。正反対のイメージをもつ音韻同士の間で起こる、コントラスト効果である。

「午後の紅茶」は、ゴゴノコーまでが、胸郭に深く響く、暗いイメージを作り出す発音体感だが、最後のチャが、弾けて明るい。暗・暗・深・深・明という音の流れで、「きらりと艶めく」感じを演出しているのである。ゴゴノコーチャは、明るいか暗いかと言われれば「とても暗い」のだが、何が印象に残るかと言えば「艶めき」なのだ。

ことばには、音韻の流れが作り出す〝ものがたり〟がある。特に正反対のイメージをもつ音韻同士が、一つのことばの中に混在するときは、それを見逃してはいけない。Dで始まるからと言って、すべてのことばが「重い」「風格」だけで終始しているわけじゃない。コントラスト効果は、前にある音韻が、後ろに来る音韻の印象を強めることになる。このため、軽やかな音韻の後に来るDは、いっそう効果が高い。

たとえば、和菓子屋の名前が「ふわり」だったら、優しさと繊細さが伝わって、作り手の繊細な指を感じるようだが、「ふわり堂」だったら、一気に老舗感を漂わせ、古いしつらえの店構えを思わせる。

流行語にもなった、カーリングジャパン女子チームの「**そだねー**」は、**爽やかさと温かさの息の風ソを、D音が受ける。相手の言い分を爽やかに受け止めて、かつ互いを落ち着かせる魔法のことばだと思う。**

対話をぶち壊すクラッシャー

他人の話を遮るときに、「で」「それで」は、よく使われる。「で、結論は?」「それで、何が言いたいの?」――相手の話にブレーキをかけて、いっきにまとめようとするときの常套手段である。

「で、何が言いたいの?」、言うほうの気持ちはよくわかるが、このことば、言われたほうの不快感は半端ない。対話をぶち壊すクラッシャーだ。このセリフを言ったら一巻の終わり。対話はぶち壊れて、結論は宙に浮き、何の解決も見ない上に、相手の不興を買うのみ。

ぐずぐず言う部下や同僚に、話をぶち壊すためにこのセリフを吐くのはまぁいいとして、妻や恋人に、これを言うのはいかがなものか。

しかし、それを言わざるをえない局面がある、と、ある愛妻家の方が頭を抱えた。「この間は、子どもの保護者会で一人一分の自己紹介があったそうで、その内容を片っ端から話してくれました。○○ちゃんママはね、□□くんのパパはさ、と延々と続くのだけど、なかなか妻の番にならないんです。知らない人の話にどう応えていいかわからないし、仕事から帰ってきて疲れているし、テレビのニュースも観たいし……こんなときも、で？って言えないんでしょうか」

それは、かなりつらそうである。しかし、還暦の私としては、まず、奥様の記憶力に惚れ惚れしてしまった。子育て中の優秀な女性脳の、輝かしい特性である。私には、もう戻ってこない。

そして、それを夫に再生して聞かせるのは、夫を信頼し、愛している証拠。二人の深い愛が伝わってきて、しみじみしてしまう。もちろん、ここで「で、何が言いたいの？」だなんて、絶対言っちゃいけない！

では、夫は、我慢しなければいけないのか。いや、「で？」は、言っていい。その後のセリフが違うのである。「で、きみは？」が正解。

「で、きみは？　きみはなんて言ったの？」と聞けば、話は一気に短縮される。言われたほうは、自分に関心がある感じが嬉しく、話が短縮されたことも気にならない（途中の話に意味があるときは「黙って聞いて」と言われるが、そのときは黙って聞こう）。

先日は、友人が、外出先で入った食堂のメニューの話を延々と聞かせてくれたので、「で、あなたは？　あなたは何を頼んだの？」と聞いたら、「ほっけ定食。それがねぇー」と、話は一気に核心に及んだ。

しかし、私たち女性は、短縮させる意図でそれをするわけじゃない。興味があるのが情報（蘊蓄《うんちく》や結論）ではなく、人間（相手の体験や気持ち）にあるからだ。なので、自然に、「で、あなたはどうしたの？」と口を突いて出る。男たちが使う「で、結論は？」「で、何が言いたいの？」は、対話をぶち壊す目的以外では使わない。

というわけで、愛する相手に「で、結論は？」「で、何が言いたいの？」は、けっして言ってはいけない。

気合いが入ることば

たまった仕事を片づけなくてはいけない。疲れているけど、もうひと踏ん張り……そんなとき、ふと口を突いて出ることばはありますか。

実はこういうときの掛け声は、「パパッと、片づける」「さっさとやろう」「シュワッ」

（軽やかな清音）が気持ちいい人と、「ざっくり、片づける」「頑張ろう」「ダダダ」（力強い濁音）が気持ちいい人と、二つに分かれるのである。

動き出すときの掛け声が、軽い音がいいのか、重い音がいいのか。

私は、骨の使い方の違いに起因すると考えている。人類には、立ち上がるときに、膝をきっかけに立ち上がる人と、腰をきっかけに立ち上がる人がいる。判定は簡単だ。椅子に浅く座った状態で、反動をつけずに静かに立つとき、膝を軽く固定されると、立つきっかけをつかみにくい人は前者、腰を後ろから軽く固定されると、立つきっかけをつかみにくい人は後者だ。

この骨の使い方は、生まれつき決まっている。つまり、あらかじめ脳に搭載された四肢コントローラーに由来する。人類には、四種類の四肢コントローラーがあり、それぞれに身体の動かし方のセオリーが違うということをいち早く発見し、整体やスポーツトレーニングの領域で、世界的な成果を出し続けているのが、四スタンス理論で有名な廣《ひろ》戸《と》聡《そう》一《いち》先生である。興味がある方は、先生の著書をお読みください。

膝をきっかけに立ち上がる人は、「踏みしめる」感覚が先にきて、腰をきっかけに立ち上がる人は「持ち上がる」感覚が先にくる。このため、膝の人は、重い音にアシストされ、腰の人は、軽い音に助けられる。

　アスリートたちの気合い語が時々話題になる。福原愛《ふくはらあい》さんの「サー」、張本智和《はりもとともかず》さんの「チョレイ」、シャラポワ選手の唸り声……どれも、その運動に際して、自分の身体を制御するための絶妙な音韻配合なのだろう。張本さんはまだ成長期なので、身体のバランスが変われば、気合い語も変わるかもしれない。

　アスリートじゃなくても、自分だけの気合語をもつという手もある。ちなみに膝派の私は「なんでやねんっ」(「で」にアクセント)と言うと、元気がなくても動き出せる。腰派の家族(夫とお嫁ちゃん)はよく「パッパラッパッパー」的なひとり言を言っている。

立ち上がるヨッシャ、持ち上げるヨイショ

　というわけで、自分の気合い語を、他人に使うのは考えものだ。

「頑張ろう」「ガツンと行こう」なんて声をかけられると、膝派は意欲が湧くが、腰派は気が重くなる。一方、「パッパとやろう」「軽い、軽い」なんて声をかけられたら、腰派は動きやすくなるが、膝派は「この人、ことの重大さがわかってないんじゃないか」と軽く失望してしまう。

他人のために使うときは、どちらにも効く気合い語を使おう。
止まった状態から動き出すとき、万能なのは「よし」「よっしゃ」である。ヨはイオを一拍で発音することば。強い前向きのパワー（イ）を上下に大きく（オ）に緩和する。口腔を上下に拡張するので、「踏む」人にも、「上がる」人にも効くのである。しかも、その後に、息の噴射（シ、シャ）がアシストする。

よく似たことばだが、**ヨイショは、他人を励ますのにはお奨めできない。**ヨで上下に拡張した口腔を、もう一度イで緊張させる。一度で動き出せない人が、二度頑張ることばなのである。筋力が弱った人や、やる気が足りない人が、つい口に出すヨイショ。筋力とやる気がある人には、イが余分なのだ。

ただし、重い荷物を持ち上げるのにはいいことばだ。一気に持ち上げず、力をこめる動作を二度に分けることになる。腰にいいはずである。

いい男は、女にヤ行を与える

先ほど、ヨは、イオを一拍で発音する、と述べた。

実は、Y音は、イを基音にした二重母音なのである。イアを一拍で発音するとヤに、イウを一拍で発音するとユに、イオを一拍で発音するとヨになる。いずれも舌に最も強い緊張を走らせるイからの変化なので、緊張緩和の体感を作り出すのである。

ヤは緊張（イ）が解けて、開放される（ア）。まるで障子越しの春の光のような、優しいけれども鮮烈な放射だ。

ユは、不思議な音だ。前向きの強い力（イ）と内向きの強い力（ウ）が共存している。舌が揺れる。脳は、舌の中央から喉側が「自分の内側」、舌の中央から前歯側が「外の世界」と感じており、「こちらの世界と、あちらの世界」の境界線を跨ぐのもユのイメージ。ゆるす（許す、赦す）、ゆるめる、ゆれる、融合、幽界……境界線を越えて、優しく受け入れるイメージをユは作り出す。

ヨは、緊張（イ）が解けて、閉空間に包み込む（オ）。家に帰り、夜のとばりに優しく包まれる、あの感じである。

緊張を解き、優しさを漂わせるヤ行音。男たちはもっと、この音を女性にあげてほしい。優しいだけじゃない、深い思いを伝える音韻だからだ。

二重母音は、母音を揺らすので、「発音準備」から「音の発現」までに時間がかかる音なのである。このため、「長い時間」を感じさせる。たとえば、長い外出から帰ってきた夫が妻に「やれやれ」と言う。「いろいろあったけど、やっと帰ってきたよ」というニュアンスが伝わる。まるで、外出中ずっと妻を思っていたかのように。

デートに遅れて走りこんできたビジネスマンにも、それを言ってほしい。「仕事が終わらなくてさぁ」なんてよけいなことは言わずに、ただ一言「やれやれ」と。

「やっと二人になれたね」「ようやく、ここまできた」「ゆっくりしよう」などなど、ヤ行音は、女心を解くことばである。モテたかったら、覚えておくといい。

担ぎ上げるワッショイ、投げ出すセイヤ

さて、掛け声に話を戻そう。

ワッショイは、言わずと知れた、神輿《みこし》を担ぐときの掛け声である。

Wもまた、Yと同様に二重母音だ。こちらは基音にウを使う。ウアを一拍で発音するとワ、ウイを一拍で発音するとウィに、ウエを一拍で発音するとウェに、ウオを一拍で発音するとウォ（を）になる。

昔のかな文字には、「ゐ」や「ゑ」があったが、ゐはワ行イ段音、ゑはワ行エ段音とされている。WiやWeは、日本語にもあったのである。

さて、舌を内側に引き込む、奥まったウから、開放のアに一拍で変化するワは、日本語の拍の中で、最も劇的な発音体感を生み出す。獣なら、唸り声から咆哮《ほうこう》に変わる瞬間だ。だから、人を驚かすときに「わっ」を使うのだろう。

そのウからアへの劇的な変化は、いったん肩に沈んだ重い神輿を持ち上げる「きっかけ」の音に最適だ。それを、息の上向きの噴射（ショ）がアシストする。

また、受け止めるウから始まるので、「神さまがお乗りになる神輿」を担ぎ上げる江戸っ子たちの心意気にも合っているのである。

最近、浅草三社あたりでセイヤという掛け声が聞こえるようになった。

夫は、鳥越《とりこえ》神社の裏で生まれ育った、正真正銘の江戸っ子である。彼はセイヤを嫌うし、外からのお客様にもそれをゆるさない。「品がない」と彼は言う。

セは、息を下向きに噴射させる。確かに、先頭音にこれを使うと、神輿を担ぎ上げるというより、投げ出す感じを作り出す。神輿をぶつけ合うような喧嘩祭りには合っているのかもしれないが、少なくとも「氏子《うじこ》町内に神さまをお迎えする」という鳥越神輿の考え方にはそぐわない。そういえば、三社の神輿は人が乗り上がって騒ぐ。「昔は、そんなじゃなかった。神さまの乗るところだよ」と、往年の江戸っ子たちは言うが、この行為、セイヤの登場と無関係じゃないのかもしれない。

情のことば、理のことば

この世の音韻は、母音と子音に分けられる。

母音aiueoは、息を制動せず（止めたり擦ったりして減速させず）に、声帯振動音だけで響かせる音である。好きなだけ伸ばすこともできる。

喉や舌や唇は自然体のまま、力が入ることはあっても、技巧的に使うことはない。息が噴射されたりもせず、その人の声帯振動音だけが素朴に響く。自然な、その人らしさを伝える音なのである。結果、親密感を作り出す。

子音は、息を止めたり、擦ったり、破裂させたりして出す音韻で、擦るS、H、Z、G、破裂させるK、T、P、B、Fなどは、息の風が起こる。息が飛ぶ音は、相手との距離感を作り出し、敬意や客観性、理《ことわり》を伝えてくる。

ただし、子音の中でも、息が停滞して温まるM、N、D、鼻濁のG（鼻に抜けるG）と、二重母音のY、Wは、母音よりいっそう強く親密感や私的な情を感じさせる。

この世には、**情を伝える音韻と、理を伝える音韻があるのである。**

漢語で激励し、大和言葉でねぎらう

たとえば別れ際のご挨拶。「今日はご一緒できて嬉しかったです。ありがとうございました」と「今日はご一緒できて光栄でした。感謝しております」とでは、ずいぶんイメージが違う。「ウレシイ、アリガトウ」は、親愛の情を伝えてくる。その人の素の気持ちに触れた感じがして、帰りにお茶でも、と誘えるような余韻がある。

一方の「コウエイ、カンシャ」は、子音が強く響く語感で、息の風が二人の間を隔てる。強い敬意を伝えると共に、取り付くしまもない感じがする。

添え状に「お納めください」と書いてあるのと、「ご査収ください」と書いてあるのでは、やはり違う。後者は、より公的な、私情をはさまない感じがする。

お気づきだろうか。ウレシイ・アリガトウ・オサメは訓読みのことば。日本古来のことばの音たちである。訓読みのことばには母音が多用されているし、それだけではなく、子音も母音をしっかりと発音させるような使い方が多い。

コウエイ・カンシャ・サシュウは音読みのことば。漢語由来のことばの音たちだ。息を強く使う子音が多用されている。特に、漢字二文字以上の音読み熟語は、母音の発音時間が極端に短くなることが多く、子音多用に加え、母音の発音体感が微弱になる傾向にある。

以前、徳島県立池田高等学校野球部の監督だった蔦文也《つたふみや》氏が、「子どもたちに、試合前に激励するときは漢語を使い、試合後にねぎらうときには大和言葉を使う」とおっしゃったという。さらりと口になさったその言葉にもセンスがある。すでにして「激励」が漢語、「ねぎらう」が大和言葉だ。指導の神様のことばの達人ぶりに舌を巻く思いだった。

というわけで、音読みと訓読みを使い分ける、という手がある。**情を伝えたかったら大和言葉（訓読み）を、理を伝えたかったら漢語（音読み）を。**

親密になりたい？

相手と親密になりたかったら、心がけて母音を使うといい。**相づちにアイウエオを入れると、親密感が増す。**「あ～、そうなんだ」「いいね、わかるよ」「うんうん、そうかい」「え、そうなの？」「お、そうきたか」

職場がギスギスしてきたら、「おはよう」「おつかれさま」「ありがとう」「おねがいします」をしっかり使うようにすると効果的。

夫婦の間でも、心がけて言い合うべき。寝室を共にしていても、あらためて「おはよう」を。オハヨウは、親密な母音オ、温かい息の音ハ、包み込むような二重母音ヨ、親密な母音ウでできている。こんな素敵な呪文、毎朝言えるチャンスがあるのに言わないなんて惜しすぎる。「おはよう」「おつかれさま」「ありがとう」「おねがい」を毎日交わす夫婦の間では、親密感が潰《つい》えることがない。

日本語は、日常語に母音始まりのことばが多い。この国の夫たちが、わざわざ妻に「愛してる」と言わないのは、語感だけで情が伝わっているからかもしれない。

そもそも、語感で言えば、「あいしてる」より「ありがとう」のほうがずっと重みがある。リガトが生み出す「喉の奥からすべてを出し切る感覚」＝「すべてを捧げる感じ」が半端ないのだ。ドラマで、夫に妻への最期のことばを言わせるのなら、「あいしてる」より「ありがとう」のほうが、観る者を泣かせる気がする。

夫たちよ、人生の最後まで取っておかずに、もっと頻繁に言ってあげてください。ありがとう、と。ことばをケチらないで。

しかし、逆に、妻が夫に贈る最期のことばなら、「あいしてる」のほうに軍配が上がるかも。なにもかも呑み込んだ末の老妻から、この「飾り気のない、真っすぐな思い」を感じさせることばが出たなら、きっと胸を打つ。

愛はすべて

素の「その人」を伝えてくる母音の中でも、アの「自然体」は群を抜いている。舌は口腔の中央で、脱力してリラックスしている。ここから、舌を尖らすことへも、縮めることへも素早く移行できる。まるで、車のシフトレバーのニュートラルポイントのよう。偏りのないニュートラルなイメージを作り出す音だ。口腔が高く上がるので、「幕開け」のようでもある。はじまりのニュートラル。日本語の五〇音やアルファベットがこの音から始まるのには、意味があるのである。

唇が「ぽかんとしたように」開く効果もあって、アは、あっけらかん、あどけない、愛らしいイメージももっている。

というわけで、自然体、リラックス、ニュートラル（偏りがない）、はじまり、あっけらかん、あどけない、愛らしい。これがアのイメージである。これらのイメージは、他のア段音カサタナハマヤラワにも表れることがある。

イは、舌の付け根から中央に向かって、前向きの強い力を走らせる。舌先は尖る。この前向きのパワーが、イの真骨頂だ。素朴で親密感がありながら、どこまでも前向き。心根の一途さや一生懸命さが伝わってくる。舌先に力が入って、細く尖る感覚も、いくつかのイメージを作り出す。

前向き、意欲、一途、一生懸命、溢れ出す、引き絞る。また、口腔を小さく使い、筋肉の動きが速いことから、スピード感や機敏さ、尖りやコンパクトさも伝えてくる。これらのイメージは、他のイ段音キシチニヒミリウィにも表れることがある。

「愛」に、あ〈自然体、リラックス、ニュートラル（偏りがない）、はじまり、あっけらかん、あどけない、愛らしい〉+い〈前向き、意欲、一途、一生懸命、溢れ出す、引き絞る〉という語感を与えるなんて……その飾り気のない真っすぐな「すべてをゆだねる感じ」に胸を打たれる。

アイの音は、その字と共に、中国大陸から来た。愛の語感を味わう度に私は、はるか古の大陸の人と心が通じ合ったような気がする。ことばは、何千年も変わらない、人々の営みを伝えてくれる。私にとってはタイムマシンでもある。

その昔、大好きなひとに「愛してる」と言ったら、「ありがとう」と応えた。私の欲しかったことばじゃなかったので、その場では肩透かしを食った気がしたのだが、のちに語感で味わって、はっとした。「すべてをゆだねた」私に「すべてを捧げてくれた」のだ、少なくとも、その瞬間は。今思っても、しみじみわかる。その日の彼が与えられるすべてが、そこにはあった。ことばはやはり、タイムマシンである。

この世で一番好きな映画のセリフ

アイと言えば、もう一つ。私には、忘れられない映画のワンシーンがある。「スター・ウォーズ　エピソード5／帝国の逆襲」（一九八〇年公開）のラスト近くに、ハリソン・フォード扮するハン・ソロが炭素冷凍されてしまうシーンがある。惹かれ合っているくせに、ずっといがみ合ってきたヒロイン・レイア姫が、たまらず"I love you!"と叫ぶと、拘束されているハン・ソロが"I know."と応えるのである。胸が熱くなるシーンだった。

のちのインタビューで、元々のセリフは別だったのを、撮影現場で、ハリソン・フォードの発案により変更されたことが語られていた。あまりにも秀逸な変更である。意味的には、「愛してる！」「知ってるさ」である。ならず者のハン・ソロらしい、小憎らしくて粋なセリフである。

しかし、語感的にはもっと深く、画面の二人の表情がそれを見せてくれる。

"I love you."はアイシテルにもアリガトウにも似ている。アイに続くラヴは、舌を大きく翻して舌裏を見せるラ、唇の優しい破裂音ヴ……すなわち「すべてを見せて、与える」感じを作り出す。そして、ユウで優しく結ぶ。まさに愛のことばなのだ。

その"I love you!"に"I know."で応える。アイに続くノウは、上あごを舌で優しく覆った後、口を大きく閉空間にする。優しく包み込む発音体感なのである。生きて蘇ることが保証できない処刑シーンで、愛する人を今まさに失いそうになって傷ついている女に、拘束された男が最後の一秒で残せる、最大の慰撫である。

その昔、「愛してる」に「ありがとう」と応えてくれたあの人も、レイア姫の"I love you."に"I know."と応えたハン・ソロも、明日を約束できない相手に、最大の優しさを残したのだった。そのまま終われば、美しかったのにね。結ばれちゃうから、いがみ合うことになっちゃうのである。

「の」のファンタジー効果

私の本『シンデレラ・ブレイン』が、中国語翻訳されて出版されたことがある。そのとき、シンデレラを表す中国語と、脳を表す中国語の間を、ひらがなの「の」がつないであったので、びっくりした。中国では、日本語の「の」を、日本人が日本語のネーミングの中にandやinを入れこんで使うように（たとえば「フェスティバルin東京」のように）使うのだそうだ。

海外の人にとって、それほど印象的なの？　そう思いつつ、ふとDVDの棚を見たら、スタジオジブリ作品のタイトルはそのオンパレードだった。「風の谷のナウシカ」「魔女の宅急便」「紅の豚」「天空の城ラピュタ」「となりのトトロ」「ハウルの動く城」……。

「の」の発音は、舌が上あごを優しく覆うように撫でた後、大きな閉空間を作ることによってなされる。脳には、優しく包み込む感覚を呼ぶ。

ジブリ作品のタイトルでは、「の」は、現実をふわりと包んで、ファンタジックなイメージを作り出している。「となりにいるトトロ」だと、現実的な感じがして、つい「トトロって誰？」と突っ込みを入れたくなる。これが「となりのトトロ」なら、焦点がうまくぼやけて、絵本の表紙のようにふんわりと受け入れられる。「紅の豚」ならファンタジーだが、「紅に染まった豚」だと、深刻な社会映画か恐怖映画みたいだ。「の」の字形にも、優しさ効果があるのかもしれない。

このノに代表されるのが、オ段音である。口腔を大きく包み込むように使うオは、大きさ、おおらかさ、落ち着き、包み込む感覚、修める（終わる）感覚を作り出す。大きな閉空間に息が少しだけ停留するので、暗さや温かさも感じさせている。このイメージは、他のオ段音コソトホモヨロヲにも表れることがある。

アとオはどっちが大きい？

音韻象徴論には、「アとオはどっちが大きいか」という命題があるそうだ。先にも述べたが、「ある国で、テーブルを表す二つの単語、ミルとマル。大きさによって呼び名が違うのだが、どっちが大きいテーブルか？」と尋ねられたら、多くの人が「マル」と答える。だがマルとモルで質問をすると、意見が割れる。

母音のうち、アとオは、口を大きく使う。しかし、アの開放感に対して、オは閉空間である。アは、空の高さを思わせ、オは、容積の大きさ（建物空間の大きさや、ゾウや岩のような大きなもの）を感じさせる。アは明るく、朝を思わせ、オは暗く、夜を思わせる。ゾウは、語感も重く大きい。息子の保育園の遠足で、象舎の前の幼児たちが口を「お」のかたちにして驚くのが興味深かった。キリンには「あ」で驚くのに。

ゾウとキリン、どっちが大きいかという質問に、実際に動物園で見てみると、とても答えは出せない。どちらも、びっくりするほど大きいのだ。ただ、ゾウは「腹に響く大きさ」、キリンは「見上げる大きさ」である。この二つは、較《くら》べられない。そして、「腹に響く大きさ」と「見上げる大きさ」は、オとアがもたらす大きさの違いによく似ている。

したがって、「アとオは、どっちが大きいか?」は、ナンセンスである。大きさの種類が違うので、較べても意味がない、が正解だ。


オでほめる？　アでほめる？


人をほめるとき、「あー、いいね」「おー、いいね」、どっちを使っているだろうか。たとえば、愛する人が、とっておきの何かを見せてくれたとき。

「あー」は憧れを伝え、「おー」は感動を伝える。もちろん、そのときの素直な気持ちで言えばいい。そのときの二人の気分にきっと合っている。

ただ、ウェディングドレスを試着して見せてくれた恋人には、「あー、いいね」と言ってほしい。「見上げるような視線」を感じて、お姫様気分になれるから。ウェディングドレスを選んだときの感動は、それを着た日にも増して思い出に残ったという女性は多い。

これからその日を迎える男子は、覚えておいてね。

一方で、セクシーなワンピースには、「おー、いいね」である。腹に響く暗い音のほうが、そっちのイメージでしょ?

そして、腹に響く感動なので、「おいしい」は効くのである。イタリア語の「ボーノ」なんて腹に響きまくり。

結婚してうん十年、妻がセクシーなワンピースを着なくなっても、美味しい料理には「おいしい」を言おう。腹に響くこのことばは、セクシーなデートをした日のように、妻の胸を熱くする。なのに、黙々とご飯を食べて、そのチャンスを見逃す夫たちのいかに多いことか……ぼ~っと生きてんじゃねぇよっ(「チコちゃんに叱られる!」風)。

Aーネーミング

母音のうち、口腔を小さく使うのは、イとウだが、イの強い前向きに対して、ウは内向する強い力をもっている。

ウは、舌の中央に力を加え、そこを喉奥に引き込むようにして出す母音である。内向きの強い力を作り出す。受け止め、熟考する感覚だ。このため、ナイーブで思慮深く、長い時間熟成してきた気持ちを感じさせる。この効果は、他のウ段音クスツヌフムユルにも表れることがある。

恨めしい、は、だからこそ怖ろしいのである。積年の恨みを、先頭音のウが伝えてくる。クロカワという名字を、だから私は気に入ったのだ。考えて、企んでいる感じがするので、コンサルタントにはぴったりなのだもの。

以前、大阪のテレビ局で、「uを先頭か語尾に持つ人は、今思いついたことを言っても、熟考した結果のように聞こえるので、クリエイティブな職業の人には得だと思う」と話したことがある。ウチヤマ、ウタダ、ヒカル、スグル、マナブのように。そうしたら、「うちの今の放送作家さんたちは、皆、法則に当てはまる。そういえば、『おくりびと』の脚本家、小山薫堂《こやまくんどう》さんもそうですね」と言って驚かれた。

ウ段音は、潜在力を感じさせるので、商品名にうまく使うといい。ユンケルは、ウ段音で始まりウ段音で終わる。潜在力を感じさせて、飲んだら効きそう。プリウスは、自動車ネーミングには珍しいウ段音多用（四拍中三拍）だが、その「潜在力を期待させる感じ」は、自動車よりもＡＩに似合うくらい。自動車がＡＩ搭載の半自動運転にシフトしていく時代、この名前の賞味期限は長そうである。

そういえば、この世で最初に認知されたＡＩは、「２００１年宇宙の旅」（一九六八年公開）に登場した宇宙船のマザーコンピュータＨＡＬである。語尾のＬは、日本語のルとほぼ同じ発音体感になり、ウ段音終わりと同じ。次に有名になったのが、「スター・ウォーズ」（一九七七年公開）のR2-D2とC-3POだが、これは型番なので名前とは言いがたい。そして「ブレード・ランナー」（一九八二年公開、リドリー・スコット監督作品）のレイチェルだろうか。彼女はレプリカント（細胞再生体）だから人工生物なのだが、記憶の与え方から言えば、人工知能と言える。レイチェルもル終わりだ。もちろん偶然だが、人類に早々と刻印された二つのＡＩネームがウ段音終わりなのはちょっと興味深い。

そして、現在活躍中のＩＢＭのWatsonワトソン。この語尾のンもまた、舌を喉に引きつけて発音されており、ウ段音と同様に「内向して熟成する」発音体感をもつ。ただしンについては、直前の音韻によって、その様相が違ってくる。サンにはこの効果はない。サに続くンでは、舌はただ弾むだけで、喉奥へは向かわないからだ。サウ段音と、舌を喉に引きつけるン。私自身は、将来のＡＩあるいはＡＩ搭載製品のネーミングのときに、ひとまず参考にしてみるつもりだ。

「客観性」の使い方

そして、残る母音エである。

エは、第一章にも述べたとおり、音の発現点（音が響く場所）が前（唇側）にあるのに、筋肉の緊張点が喉の奥にあり、この二点の距離が最も遠い母音である。このため、エ段音は、「距離の遠さ」や「時間の長さ」を感じさせる傾向にある。口腔を低くし、舌を平たくして下奥に引くので、広々とした感じも醸し出す。

遠く、はるばると見渡す感じ。客観性を感じさせ、平らかで、洗練されている。「せっかちで、がつがつしている」の真逆のイメージだ。これらのイメージは、他のエ段音ケセテネヘメレウェにも表れることがある。エレガンス、セレブには、エ段音の洗練イメージが効いている。その洗練もまた、エ段音のことばだ。

客観性が高く、距離を作るエ段音は、相づちに使うと冷たく響くことがある。「ええ」は、相手の意見を承認するときの一回はいいが、多用すると、相手に興味がないように見える。「へぇ」は、本当に驚いたときはいいが、そうでもないことに使うと、バカにしているように見える。話者間の距離を作る「客観性」の音韻には、使ってはいけないときがあるのである。

息を吐き出すエ段音（ケ、セ、テ、ヘ）は、嫌なことがいつまでも頭から離れないときに効く。「せいせいする！」「へのかっぱ！」「っけ！」と叫んでみよう。江戸っ子の「てやんでぃ」も効く。

一九五六年の楽曲なのに、多くの大人が知っている「ケセラ、セラ（Que Sera, Sera)」は、スペイン語の「なるようになる」の意とされるが、スペイン語の文法では正しくないのだそうだ。なのに、「嫌なことを忘れる呪文」として、英語圏で使われ続けている。エ段音マジックである。

平成から令和へ

元号・平成は、エ段音並びである。憂いを払い、広々とした穏やかな気持ちに導く、美しい語感だ。バブル崩壊に始まり、未曾有の大災害を乗り越えていったあの時代を、慰撫して守り抜いた元号だったと思えてならない。

タイショー、ショーワと、息が全方位に放射される、活気あふれる元号が続いた。落ち着きをもたらすヘイセーは、この元号が発表されたときのこの国の人々には、少し穏やかすぎるように捉えられた。「元号としてぴんとこない」と口にした人も多かった。バブル全盛期で、大半の人々が怖いもの知らずだった、あの時代……。

しかし、時代は期せずして過酷な道を進む。「平成」は、ときの天皇皇后両陛下のお姿に似て、人々の憂いを拭い去り、穏やかに慰撫する元号となって定着した。人々が口にするのに、最初はヘイセイと力強いイをはさんだが、やがてヘイセー、最後はヘーセーへと発音が変化していった。日本人は、エ段音の持つ、広々とした穏やかさを、存分に享受したのである。

さて、癒やされた日本は、新しい元号を迎えて、オリンピックへと進む。

レイワは、クール（レ）にして力強く（イ）、華やかに広がるイメージ（レ、ワ）を持っている。レは舌を広くして翻し、ワ（ウアを一拍で発音する二重母音）は大胆な口の動きを伴っている。息は放射されないが、筋肉の動きそのものがドラマティックなのだ。「涼しい顔をして、華やかな展開を起こす」、そんな語感である。科学技術の発展と、経済効果をもたらす予感がする。

穏やかなヘーセーが懐かしくなる日もきっとあるだろうが、レイワは時代に華やかさをもたらし、この国はさらに進んでいく。令和は、レーワと発音すれば、エ段音効果を発揮して、少し穏やかになる。ヘーセーからギャップも少ないので、おそらく「レーワ」で定着していくのではないだろうか。

元号がある国。私がこの国を愛してやまない理由の一つである。

語感ワールドを二分する二大感性

ここまでに、母音の解説をしてきた。これに、息が停滞して温まるM・N・D・鼻濁のG（鼻に抜けるG）と、二重母音のY・Wを加えたものが、情を伝える音韻たちだ。

息の風を伴う音韻たち（擦るS、H、Z、G、破裂させるK、T、P、B、F）は、相手との距離感を作り出し、客観性や理を感じさせる。凛々しさや爽やかさを伝える音韻たちである。

この世の語感をすべて音韻ごとに記憶して、対話でとっさに使い分けるのは難しい。でも、この世の音韻を二分するこれらの二大感性だけを押さえておけば、ことば選びに迷ったときに使えるはずだ。相手を温かく包みたいのか、爽やかにしてあげたいのか。

ただし、爽やかな音韻のほう、シチュエーションには十分気をつけよう。「さぁ、帰ろう」「そろそろだね」は、残業の最後には気持ちいいが、当然、デートの終わりなんかに言っちゃだめ。これを言っていいのは、一緒に帰るカップルだけだ。**デートの終わりには、静かに「送るよ」が正解。**「おやすみを言わなきゃね」でもいい。包み込む夜の母音オで、お願いします。

第三章　感性ネーミングの法則

前章で、ことばには、発音体感に起因する感性情報が付帯していると述べた。

この章では、その語感について、「解剖」していこうと思う。

語感の双方向性

語感が発音体感なら、発音したときにしか生じない感覚なのでは？

これは、よくある質問だが、答えはＮＯだ。ことばを聞いたときも、自分が発音したかのように感じることができる。

私たちの脳には、目の前の人の表情筋や所作を、自分の神経系に、鏡に映すように移しとる能力がある。思考回路を通らずに、反射神経的に移しとるのである。その名もミラーニューロン（鏡の脳細胞）と呼ばれる脳神経細胞のもたらす機能だ。

目の前の人が満面の笑みになれば、ついつられて微笑んでしまう。電車で一緒になった知らない赤ちゃんでも、笑いかければ笑ってくれるし、手を振れば振り返してくれる。考える前に、自然にしてしまう共鳴動作だ。「あっち向いてホイ」に負けるのも、ミラーニューロンがしっかり働いている証拠。

この「脳の共鳴力」によって、他者の発音の所作も、自分のそれのように感じる能力が人類にはある。つまり、語感すなわち発音体感がもたらすイメージは、自分で発音しなくとも生じるのである。

脳の共鳴力

対話するとき、話し手の情熱に促されて、受け手はつられて首を動かす。こういう所作の連動がなければ、気持ちが伝わったような気がしない。このため、うなずかない部下に、上司はストレスがたまって「話、聞いてるのか」と喝を入れたくなる。うなずかない夫、「わかるよ、たいへんだったね」を言わない夫に、妻は絶望していくのである。

また、表情やしぐさ、所作の共鳴連動によって、人は、暗黙の学びを得る。「人がすること」を認知してまねることで、その所作を身につけていくからだ。脳の共鳴連動力が低いと、どうしても学習能力が劣ることになってしまう。

たとえば、共鳴連動力が低い若者は、「先輩が片づけ物をしている」ことに気づかない。先輩の所作が風景の一部のように見えているからだ。当然、手伝おうとはしない。あきれた先輩が「きみはどうして手伝わないのか」と注意すると、「誰も僕にしろと言いませんでしたよね」と言い返してくる。本人にしてみれば、いきなりいちゃもんをつけられたような気がするからだろう。こうして先輩の所作を見逃していくかぎり、この人が「一を聞いて十を知る」デキる新人になれるわけがない。十を聞いてやっとゼロ（出発点）なのだもの。

しかし、共鳴連動力の低い人は、悪気があるわけでもないし、怠慢なわけでもない。ただただ、人の表情や所作を認知しそこねているだけなのだ。逆に、人の気持ちの裏を読まない分、言ったことをよく守り、さぼらない。説明をしっかりしてやり、山ほどルールを作ってやれば、誠実な社会人になれる。だとするなら、「共鳴連動力の低さ」を知らないでいるのは、本人にとっても周囲にとっても、惜しい気がする。

共鳴連動力は、コミュニケーションと学習能力の基盤を作る、人間性の源である。その能力が、ことばに大きく関わっている。

はじめに、発音体感ありき

先ほど、脳には、他者の発音動作をも自らのそれのように感じる力があり、自分が発音しなくても語感は生じると述べた。

その能力は、生まれ落ちた瞬間からある。

新生児の共鳴動作実験というのがある。生まれて三時間の赤ちゃんでも、この実験ができるという。赤ちゃんの目の前で、舌を出して揺らす。やがて、出したり入れたりを繰り返すと、赤ちゃんがまねをするのである（当然、気が向かない赤ちゃんもいる）。

自分の息子が、生まれた翌日にこの実験に応えてくれたとき、私は驚愕してしまった。生まれてすぐの赤ちゃんでも、目の前のピンクの物体が、自分のどこにあたっていて、どうすれば同じことができるかわかっているということなのだから！

しかし、これは驚くに値しない。目の前の人の所作を、神経系にそのまま移しとってしまうミラーニューロンにとっては、朝飯前の仕事だ。赤ちゃんは、ミラーニューロンが大人よりずっと活性化している。発音にしろ、所作にしろ、身につけなければいけないことが満載だから。特に、口腔を使った共鳴力は高く、人間以外のものに反応することさえある。たとえば、「点滅するイルミネーションに合わせて口をパクパクする赤ちゃん」などが報告されている。

生まれ落ちてすぐの子を抱いて、「よく生まれてきたね」と声をかければ、小さな脳は、その優しい語感を、神経系全体で受け止めて、感じているのである。ことばの意味に反応しないからと言って、ことばを認知していないわけじゃない。

――生まれてきて、ことばに出会う。ことばを認知する最初の手段は、抱き上げてことばをかけてくれる人の発音動作への共鳴である。つまり、**はじめに発音体感ありき、**なのだ。

世界は、脳の中にある

ことばは認知の核であり、認知とは、脳に世界観を作るための基本ツールである。脳の機能性から言えば、「ことばが世界を作る」と言っても過言ではない。「世界」は外にあるのではない、脳の中にあるのである。

だって、一つの風景に、脳は違う世界を見る。第一章に述べたが、同じ花木の風景を、「サクラ」と呼ぶのとcherry blossomと呼ぶのでは、切り取る風景が違い、託す思いが違い、想起する心象風景が違う。

現実の世界は、脳が見る世界のモールド（鋳型《いがた》）にしか過ぎない。脳が見る世界こそが、真実の世界である。

面白いのは、自然や人が「現実の世界」に手を加えて、モールドを時々刻々、変えていくことだ。「現実の世界」は、ひとときも留まらない。その変化するモールドを見て、脳ごとの「真実の世界」が展開されていく。

私は、夜桜の下に立つ人の数を数えて、その脳の数だけの「世界」が今ここで展開していることに、感動してしまう。私にとっては、サクラの下に人が立つ光景そのものが、万華鏡のようなアートに思える。実際に見えるわけじゃないけれど、そうであるだろうと感じるアートだ。さらに、サクラということばが、それぞれに違う脳内世界に、そうは言っても、くっきりと共通の方向性を作り出していることにまた、胸がいっぱいになる。

ことばとは、かくも深く、「脳」と「世界」の深層に関わっているのである。

私たちが、世界に出会うために生まれてきたのだとしたら、それは「ことばに出会うために生まれてきた」と言い換えてもいいのではないだろうか。

語感は、ことばの核である

さて、はじめに発音体感ありき、に話を戻そう。

赤ちゃんのことば認知の様子から言えば、最初に発音体感があり、やがて、発音体感に付帯するかたちで音声がリンクされ、音声に付帯するかたちで文字が与えられる。発音体感は、いわば、ことばの核だ。

なのになぜ、私たちは、日ごろ、発音体感を意識しないのだろうか。発音体感は、消えてしまうのか。いや、最初の認識単位を作り出す、重要な入力情報が消えるはずがない。

〝消えてしまう〟秘密は、発音の身体制御を司る器官にあった。

発音を制御しているのは、小脳である。小脳は、歩く、しゃべるなどの複雑な身体制御を担当している器官である。

私たちは、二足歩行をする。足指一〇本の関節合計三〇個、甲やかかとを構成する骨たち、脛骨《けいこつ》、腓骨《ひこつ》、膝、大腿骨、そして骨盤。これらすべての回転角速度を制御しながら、今歩いている床の滑り具合やたわみ具合、履いている靴の様子を感知しつつ、障害物を避けながら歩いていくのである。そうそう、上半身との連携も忘れてはいけない。大脳で意識的に行うのではとうてい間に合わない、非常に複雑な連携制御である。

小脳のすばらしいところは、その末端の感じた感覚情報をフィードバックして、次の制御に素早く活かすところ。見逃した小石を踏んでも転ばずに済むのは、このフィードバック機構のためだ。

発音もまた、身体各部位のデリケートな連携制御を要求される。横隔膜を押し上げながら、喉を開け、舌を弾き、唇を丸めたりする。その動作のいずれか一つでもズレたら、目あての音は発生しない。二足歩行も発音も、「表情や所作をそのまま移しとる」能力がなかったらとうてい獲得しえないウルトラC級の技である。

このような複雑な身体制御は、八歳までに小脳が獲得する。八歳は小脳の発達臨界期で、「歩く」「しゃべる」などの制御モデルは、八歳を超えると、獲得するのが格段に難しくなると言われている。

そして、小脳は無意識の器官である。歩くとき、下半身を構成するいくつもの骨たちの回転角速度を一向に気にしないように(多くの人は骨の総数さえ知らない)、ことばの発音体感もまた、特に意識にのぼることはない。しゃべりながら、今息がどこに当たっているか、舌が何をしているかなんて、普通は思いもしない。

無意識の器官=小脳が担当している身体制御機構の一つ、発音。このため、発音の体感(発音構造ではなく、その体感。すなわち語感)は、ことばの構成要素として、長らく認められてこなかった。現代言語学の祖ソシュールに、わざわざ否定されるくらいに。

語感の普遍性

発音の体感は、発音する度に確実に口腔周辺に起こり、小脳にフィードバックされる。

小脳は、空間認知の器官でもある。口腔が高く上がれば、小脳は「高さ」を感知する。息が滑り出れば、小脳は「スピード」を感知する。すなわち、小脳は、フィードバックされた体感からイメージを構成しているのだ。脳の持ち主がほとんど知らないうちに。

作られたイメージは、顕在意識にのぼらないまでも、潜在意識を牛耳っていく。理由がわからなくても、人は「はい」にスピードと確実性を感じ、「ええ」に思慮深さを思う。

こうして、八歳までに小脳にパッケージされる発音の制御情報は、音韻と不可分である。「音声で聞いただけでも」発音体感は想起される。逆に言えば、発音体感を想起するから、音声情報からことばを切り出せるのだ。

習い始めたばかりの外国語は、なかなか聞きとれない。特にテープの音声だけとなると、まったくのお手上げだ。しかし、発音できるようになると、面白いように聞きとれるようになる。発音体感を想起することによって、耳に入ってくる音声情報から単語を切り出すことができるからである。

さらに、文字を見ただけでも、その読みを想起したとき、音韻と不可分の発音体感はもれなく想起される。語感は、ことばがそこにあるかぎり、脳にもたらされる普遍のイメージなのだ。

また、基本は「自分の体感」として想起するので、武骨な男子が発音してくれようと、たおやかな美女が発音してくれようと、発音体感自体は変わらない。タカイは誰が発音しても高く、ハヤイは誰が発音しても速い。

というより、口腔を高く上げなかったらタに聞こえず、息を素早く出さなかったらハに聞こえない。ことばが通じるということは、「かなりタイトな規格で発音している」ことに他ならない。ヒの、上あごに息をぶつける場所を、ほんの数ミリ前にずらしたら、シになってしまう。ヒに聞こえる口腔形は、ミリ単位で定義できる。

これは、研究者としては、本当に助かる。二〇〇〇人の調査など要らないからだ。二～三人で発音体感を精査すれば、万人に適応できる普遍の発音体感モデルが作れるのである。

——普遍であること。もともと物理学徒であった私は、そのことに、格別の感慨を覚える。変化する事象の中にある普遍性を追究することは、物理学の基本姿勢であり、私の生きる目的でもある。私は、何にせよ、普遍性を問うて生きてきた。「男女の会話のすれ違い」にさえ。その普遍性を問う行為を、私は科学と呼んでいる。

ことばを科学する。その際に、ことば認知の中核にあって、高い普遍性を呈する語感は、最も有効な手段なのではないだろうか。

語感は、「〜な感じ」とぼんやりと表現するような曖昧なものではない。精密な物理現象で表現できる科学モデルなのである。

そんな根源的な発見が、二〇世紀の終わりまで残っていたなんて……発見の歓びを享受できた幸運が、今でも信じられない。

ソクラテスの語感論

とはいえ。この発見、私が最初ではなかった。

ある日、私にメールが届いた。

イギリス人の言語学者だと名乗る人から、「ことばの本質が発音体感にあることを世界で最初に発見したのは、残念ながらあなたではない」と。ソクラテスが『クラテュロス』(プラトン著)という文献の中で、二四〇〇年以上も前に言っているというのだ。

私は、一瞬も残念だなんて思わなかった。

発見の歓びは、ちゃんと享受した。それで十分。その発見が、ソクラテスと一緒だなんて、ひたすら光栄である。

さっそく、『クラテュロス』（もちろん日本語翻訳版）を入手して、わくわくしながらページを開いた。確かにソクラテスは、そのことに言及していた。

ソクラテス「仮にもしわれわれが声も舌ももっていないで、お互いどうしに対して事物を示そうと欲するとするならば、どうだろう、そのばあいわれわれは、手や頭やその他の身体の部分を使って表現しようと試みるのではないだろうか。

たとえば仮にもし――ぼくが思うには――われわれが上方にあるもので軽いものを表したいと欲するならば、われわれは天に向けて片手を上げることだろう。つまり、当の事物の本性そのものを模倣する〔まねる〕わけだ。他方もし下にあるもので重いものを表したいならば、地面の方向にね〔手をさし伸べることだろう〕。また、走っている馬とか、その他の動物を表そうと欲するばあいには、無論君にもおわかりのように、われわれ自身のからだと姿勢をその動物のそれに、できるだけ似せることだろうね。

そしてその理由は、そうすることによって、ぼくが思うに、身体によるある対象の表現が生じるからであろうからなのだ。いわば身体が、表したいと欲したところのものを模倣することによってね。

だが、現実にはわれわれは〔からだでではなく〕音声と舌と口で表現することを欲するのだから、これらを介して何らかの対象の模造品が生じたときにこそ、これらから生じたものを当の対象の表現として、われわれが所有することになるのではないだろうか。

してみると名前とは、模倣される対象の音声による模造品である。そして音声で模倣する人は、何であれ彼が模倣するところのものを、名づけているわけなのだ」

『プラトン全集2　クラテュロス』（水地宗明訳、岩波書店）より抜粋

ソクラテスは、確かに、私と同じ発見をしていた。二四〇〇年ものときの隔てをまったく感じなかった。わかりやすい事例で語られた、瑞々しい言明であった。

ソクラテスは、名の正当性を説明するために、神々の名を例に挙げている。たとえば、ウーラノスについて。

ウーラノスは、天空を仰ぎ、星を読む、学問の守護神である。この名を発音すると、ウーで身を縮め、ラで上あごが開くように上がり、自然に上を見上げる姿勢になってしまう。ソクラテスは、この名を、次のように褒めたたえた。

ソクラテス「〈ウーラノスも〉やはり、上方への注視がこの名前で呼ばれているのであって、正当なのだよ。そしてまた実にこのこと〔上方の観察〕からして、おおヘルモゲネスよ、メテオロロゴス〔上空のことについて思索する人〕たちが主張するところでは、純粋な英知が〔われわれのもとに〕出現するのであり、そしてウーラノスにも、名前が正しく付けられていることになるのだそうだ」

『プラトン全集2　クラテュロス』(水地宗明訳、岩波書店) より抜粋

ソクラテスの挫折

それにしても、二四〇〇年以上も前に、かのソクラテスが、ことばの本質が発音体感に

あることをこんなにも明確に口にしたのに、どうして西洋言語学はこれを継承しなかったのだろう。不思議に思いながら、書を読み進めていって、その原因がわかった。ソクラテス自身が、この論を投げ出しているのだ。

原因は、ギリシア語である。問答の中で、ことばの質と意味がズレていることばを数多く突きつけられたソクラテスは、最後に、こんなことを言って問答にけりをつけている。

ソクラテス「なるほどぼく自身も、名前が、可能なかぎりは事物に似ていると信じるのだが、しかしながら類似性のもつ〈相似る事物と名前との間の〉この牽引力は、ヘルモゲネスのことばを借りるならば、本当にもうやっとこさというほどの〈微弱な〉もので、名前の正しさを説明するためには、やはりこの取りきめという平凡卑俗なものをも付加的に用いることもやむをえないのではないかと、ぼくは恐れているのだよ。

だがそうはいっても、用いられるすべての、あるいは大多数の名前が〈事物に〉似ている――つまり、ふさわしい――ばあいには、その言明はおそらく能うかぎりは最美のものとなるだろうし、反対のばあいには最悪のものとなることだろうがねえ」

『プラトン全集2　クラテュロス』（水地宗明訳、岩波書店）より抜粋

ソクラテスは、事物と口の模倣（語感）が一致する言語を最美とし、ギリシア語がそうでないことを憂えた。語感効果が微弱すぎて、意味や使用習慣（「取りきめという平凡卑俗なもの」）にとらわれる以外にないことを憂えているのだ。

厳密には、ソクラテスはことばの語感効果を否定しているのではない。それがギリシア語において証明できないことを嘆いているのだ。残念ながら、「取りきめという平凡卑俗なもの」で語るしかないのか、と。そして、その通りになった。

二四〇〇年前、ソクラテスがこのことばをつぶやいた、ちょうどそのとき、遠く離れた日本列島で、どのような体感でことばが発音されていたのかは、資料を読んでも、私にはいま一つつかめない。

しかし、古代日本語の流れを受けた大和言葉について言うなら、ほとんどのことばに、ことばの指し示す事象と、発音体感がもたらすイメージの一致が見られる言語なのである。

ソクラテスが憧れた言語が、この国にあった、と言っても差し支えないと思う。

ソクラテスが大和言葉の使い手であったなら、この論は、二四〇〇年も眠らなかったか

もしれない。人類の一員としては残念だが、個人的には「発見の歓び」を残しておいてもらってよかった。この世の謎を解くことほど、面白いことはないもの。

発音体感を数値化する

音韻一つ一つの物理効果を精査して、すべての物理特性に相対数値をつけること。それが、私たちの会社感性リサーチ（二〇〇三年設立）が最初に行ったことである。

たとえば、アには上あごの高さがある。ア段の音は、その高さを享受しているわけだが、中でも一番高い音韻を決定して、その高さを一〇とし、他の高さを最高値と比較して、相対数値をつけていくのである。

ちなみに、上あごが最も高いのはタだが、口腔の縦幅（上あごの高さ＋下あごの低さ）で言うならラに軍配が上がる。さすが落差のラだ。ラは、日本語の拍中最大となる口腔の高低差を使って、舌を大胆に翻す。豪放磊落《らいらく》。百獣の王の先頭音韻に、まさにふさわしい。

上あごの高さ、下あごの低さ、口腔の縦幅、口腔の横幅、口腔の広さ（口腔の縦横比。縦幅が小さく横幅が大きいほど「広い」と感じる）、口腔の大きさ（閉空間としての大きさ）、舌の広さ、舌の長さ・短さ、舌の緊張（付け根の緊張、舌先の緊張、舌中央の緊張、緊張が最大に働く点、舌にかかるパワーベクトルの方向性とその大きさ）、喉の緊張（硬さ）、喉の開け具合、音の発現点、音の発現点と筋肉の緊張点の距離、唇の開け具合（開空間か閉空間か）、筋肉の準備から音の発現までにかかる時間……息を制動しない母音だけでも、これだけの物理効果がある。

これに、息の制御、喉の制御、舌の制御、唇の制御、顎関節の制御、横隔膜の制御に関わる数十の物理効果がある。加えて、鼻腔・頭蓋・胸郭への音の響き具合なども勘案する。すべての項目を明らかにしたいところだが、企業機密に抵触するので、ご容赦願いたい。

このような物理効果を精査して、音韻ごとの相対数値を割り出し、データベース化することで、ことばの発音体感を数値化して、視覚化することができるのである。

私たちのデータベースに音韻列を入力すれば、その物理効果の総体がすぐに出てくる。スピード感があるのか、温かさがあるのか、なめらかなのか、機敏なのか、知りたい属性を数値で比較でき、イメージをグラフで確認できる。

ネーミングの候補選択に迷ったときの強い味方である。

とはいえ、わが社の語感データベースよりも優秀なセンサーがある。それはあなた自身の脳である。「発音体感を味わう」つもりで発音してみてほしい、愛しいものに付す名前を。語感は、自覚さえすれば、きっと実感できる。人生の初め、そこから、この世を知ったのだから。

違うデザインに見える

自動車の新ブランドネームの語感分析をさせていただいたことがあった。数百の候補名から、最終三候補に絞ったところで、社長への提案をする。新ブランドのコンセプトが三つあったので、そのコンセプトごとにベストの数値をはじき出したネーミングを、私たちが選び出した。

広告代理店が仮のCMを作り、そのCM画像に三つの名前をそれぞれに入れたCM三本(しつこいようだが名前以外の画像はすべて同じ)を、社長にお見せする。その席で、二つ目のCMを見た社長が、「もう一度、最初のCMを見せて」とおっしゃったという。「車のデザインが、一瞬違って見えたから」だそうだ。

車に精通したプロが、名前によって、デザインの印象が違うように感じる。

たとえば、「遊び心」満載の名前と、「信頼性」満載の名前。同じ車が、前者はイタリア車風に、後者は日本車の王道風に見えるようなことが、実際に起こるのである。

見間違えるのではない。車のデザインが秀逸で、どちらの要素も持っているからだ。名前の語感に導かれて、とっさの着目点が違うから、違う雰囲気に見えたのである。

その車のデザインの秀逸性に舌を巻くと共に、私は、ネーミングパワーの大きさに、あらためて厳粛な気分になった。

どれだけの心と手間をかけて、一つのブランドが生み出されるのか。そのことを思うと、ここを間違ってはいけない。ネーミングの責任は、本当に重い。

一、感性ネーミングの第一法則

商品名・ブランド名と語感の関係には、三つの法則がある。

その一つ目は、「実体と、名前の語感が一致すると気持ちいい」。ソクラテスの語感論の中核をなす論旨であり、商品名に限らず、すべてのことばに言える法則だ。

実体と語感が一致すると気持ちいい

たとえば、謝ることば。スピード感で言えば、「すみません」＞「申し訳ありません」＞

「ごめんなさい」の順になる。「今から会議なのに、資料のコピーが一部足りない」なんていう事態には、「すみません」と言って走り出すのがふさわしい。「申し訳ありません」なんて言うと、デキる先輩は、きっと、ちょっとイラっとする。「ぐずぐずせずに走りだせ！」って、感じだ。

大塚製薬のソイジョイは、私たちが語感分析して決定したネーミング。「大豆 soy」を「楽しむ joy」というどんぴしゃの意味を持ち、リズミカルに韻を踏むこのネーミングは、語感もコンセプトにぴったりだった。

ソは、前章にも述べたように、爽やかさと温かさを同時に持つ癒やし音。Jは、潤いを感じさせる音。側舌が振動して唾液腺を刺激し、唾がたまるからだ。ジューシーは、発音体感もジューシーなのである。ソイジョイの語感は、女性に嬉しい癒やしと潤いを感じさせて、「女性に嬉しい健康スナック」という商品コンセプトと見事に適合した。

車は、C表記の名前が売れる

一九八〇年代、マーケティングの業界には、「車の名前にCを使うと売れる」というジンクスがあった。

カローラ、クラウン、コロナ、セドリック、シビック、シトロエン、カマロ……そう言われてみれば、C表記の車が多かったように思う。

Cは、日本語の読みで言えば、カ行音とサ行音が与えられる。実は、「喉奥が丸くせり上がる音」にC表記が与えられている。

K音は、喉の破裂音だが、子音Kが、奥まったa、u、oと共に発音される場合には、喉が破裂した後、軟口蓋（ノドチンコの付け根）が、大きくせり上がる。喉の奥が、丸く硬くなるのである。S音の場合は、息の勢いが増す音韻並びでそれが起こる。息を遠くに飛ばすために、喉を緊張させるためだ。curve カーブ、circle サークルなどは、発音すると、喉の奥が丸くせり上がるのがわかる。まさに、Cのかたちに。これを知っていれば、学生時代、C表記の単語は、発音に連動して覚えやすかっただろうに。

ちなみに、アルファベットの研究家によれば、その表記は、発音構造を表しているという。Kは、喉の奥を閉じて（|）、そこを破裂させる（<）象を形にしている。喉を丸くせり上げるからC。Tは、舌先を上あごにくっつけて、息をはじき出す音。Sは、舌をくねらせ、息を滑らせて出す音（Sを横向きにしてみて）、Nは、上あごに貼り付けた舌を

はがす音（これもＮを横にしてみよう）。

Ｃ表記の発音は、ＳやＫに比べて、息の勢いが強い。スピード感が半端ないのである。しかも、喉奥が丸くせり上がり、そこを息が回る。そう、まさにサークル。丸さ、曲面、回転のイメージも強く想起させる。日本語で言えばカ、ク、コ。カラカラ、クルクル、コロコロと回転を表す擬態語に使われている。

圧倒的なスピード感と、曲面と回転。これは、車のイメージそのままである。そもそも車がクルマでありcarなのも偶然ではないはず。車が庶民のものになりつつある一九六〇～七〇年代、この表記のネーミングは、きっと人々の意識に刺さったにちがいない。

会議で忘れてはいけないこと

二一世紀には、車は「遊び心」や「家族の幸せ」、「人に優しい」あるいは「ラグジュアリー」のために買われていく。目的が多岐にわたっているので、Ｃ表記は目立たなくなった。

それでも、傾向はある。ミラ、モコ、マーチ、パッソなど、女性に人気の小型車は、愛らしい口元になるネーミングが並び、スカイライン、レクサス、ポルシェなど、スポーツカーは爽やかな息の音が使われている。

語感と発音体感の関係を知らなくても、センスのいいコピーライターは、ここを間違わない。間違うとすれば「会議」である。会議で、「どれがいいか」を話し合っているうちに、わからなくなってくるのだ。原因は、意味に引きずられていくから。発音体感は、潜在意識の器官、小脳が担当しているので、大脳の思考処理の下に隠れてしまうのだ。ソクラテスが憂えたとおりに。

というわけで、「会議」の席では、語感をお忘れなきように。発音したときに「優しい感じがする」「機敏な感じがする」「スピード感がある」などコンセプトに合っているかどうかを、みんなで確かめ合ってください。

ポルシェは光を連れてくる

ポルシェといえば、山口百恵さんの名曲「プレイバック Part2」の冒頭に、「緑の中を 走り抜けてく 真紅（まっか）なポルシェ」（阿木燿子さん作詞）という歌詞がある。

Pは、光を感じさせる語感をもつ。閃光をピカッと表現し、明るく輝く様をピカピカと表現する。古代日本語では、現代のH音はP音で発音されたので、ヒカリはピカリだった。

唇を素早く割って出てくる、軽やかにしてインパクトのある息の体感が、光のそれに似ているのだろう。

ポルシェは、光を感じさせる。「緑の中を　走り抜けてく」には光の表現はないのに、「真紅（まっか）なポルシェ」と受けたとたんに、初夏の艶めく緑の中を、日の光を受けて疾走する車体が浮かぶようだ。

これが、ボルボやベンツだったら？　少し、重い感じがしませんか？　ベンツにだって、流麗なスポーツカーがあるのに。

山口百恵さんがNHKでこの曲を歌ったとき、商品名が使えないということで、「真っ赤なくるま」と歌ったことがあった。これを聴いたとき、私の脳の中の風景が、一気にトーンダウンした。緑の艶めきも、スピード感も、溢れる光も消え、主人公の女性のイメージもまったく違うものになった。

そのとき私は、「あー、ここは、ポルシェしかありえないんだなぁ」としみじみ思った。その、「これしかないことば」を見つけ出してくるのが作詞家の真骨頂なのだろう。阿木さん、すごすぎる。

そして、商品名・ブランド名ネーミングにも、これが言える。あることばでは匂い立つイメージが、別のことばでは消え失せる。先の自動車のネーミングの例でも挙げたように、そういうことが、現実にある。人々は、いちいち顕在意識で認識するわけじゃないが、潜在意識ではそれをキャッチして、なんとなくその商品に手が伸びなかったりするわけだ。

「悪目立ち」という戦略

とはいえ、競合商品が、市場に数多くひしめく商品の場合、商品イメージそのままのネーミングを狙うと、目立たなくなることがある。このようなとき、わざと「全体の傾向」から離脱させるという戦略もある。

たとえば、シャンプーの棚には、一目で見られる範囲内に、十数個の名前が並んでいる。そこでは、光を感じさせるPやSH、滑らかさを感じさせるエ段音、優しさを感じさせるM音、華やかさを感じさせるR/L音が多用されている。パンテーン、マシェリ、エッセンシャル、メリットなどなど。いずれも、清潔さや透明感を打ち消す濁音や、乾いた音を使わない絶妙の配合である。

ここに、セグレタを登場させる。グは濁音の中でも、最も発音ストレスが高い音で、タフで力強い。タも力強く舌を弾くタフな音で、しなやかな髪の毛はとうていイメージできない。シャンプーのイメージとは、一見、かけ離れているように見える。

しかし、セグレタのタフさは、別のイメージを訴求する。髪の毛がパワーダウンする五〇代の女性たち（「根元の立ち上がりに、もっと力を」「全体に、もっと太くたくましく」を願っている女性たち）の心を打つのである。

シャンプー棚では、このネーミング、他のネーミングにないタフさで「悪目立ち」をする。おそらく、それはメーカーのマーケティング上の狙いだったと思う。濃い紫系のパッケージなどで、その効果を倍増させた。

この迫力で、「そんじょそこらのシャンプーじゃダメ」と思っている女性たちの目に飛び込んでくるのである。すばらしい戦略である。

セグレタは、実力も半端ない。前髪やつむじ周辺の髪が、本当にふっくらと立ち上がる。二〇代の「前髪立ち上げたい女子」も愛用している。

このタフさと、ネーミングのタフさが見事に一致している。「タフな髪立ち上げ職人」といった風情だ。シャンプーの一般概念には反するが、訴えたいイメージにぴったり。そういう意味で、感性ネーミングの第一法則をしっかりと担保している。

ひかりVSのぞみ

「ひかり」は、言わずと知れた、この国の誇り。夢の超特急第一号ネーミングだ。

ヒカリは、息を一気に口元にもってくるH音で始まり、喉の破裂音Kが続く。前向きの強いパワーを作り出すイ段音が三音中二音も使われている。前にも述べたとおり、比較的おっとりした音韻が多い大和言葉の中では、圧倒的なスピード感を呈する。昭和の高度成長期、技術の粋を集めた超特急に、この名が与えられたのは必然であろう。選考会でも、迷いはなかったはずだ。

おそらく、困ったのは、「のぞみ」のネーミングだったにちがいない。特急の名前には、従来、大和言葉が使われてきた。しかし、大和言葉には、ヒカリを超える速さのことばはない。どの大和言葉をもってきても、ぴんとこなかったはずだ。「ひかり」超えのスピードを望むなら、漢語にするかカタカナ語にするしかない。実際、「希望」という名が有力候補として挙がっていたのだそうだ。

その「希望」を「のぞみ」に変えたのが、阿川佐和子《あがわさわこ》さんだった。選考委員だった阿川さんは、父・阿川弘之《ひろゆき》氏から「昔から、特急の名は大和言葉でつけられてきた」と聞かされていたので、「希望を大和言葉にするとのぞみですね」とおっしゃった。さすがである。

「ひかり」のサブリミナル・インプレッション

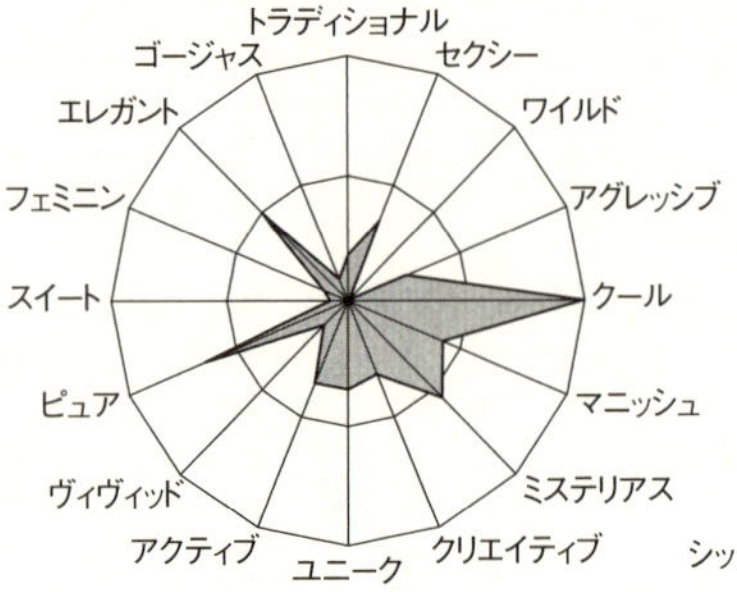

イメージ・チャート

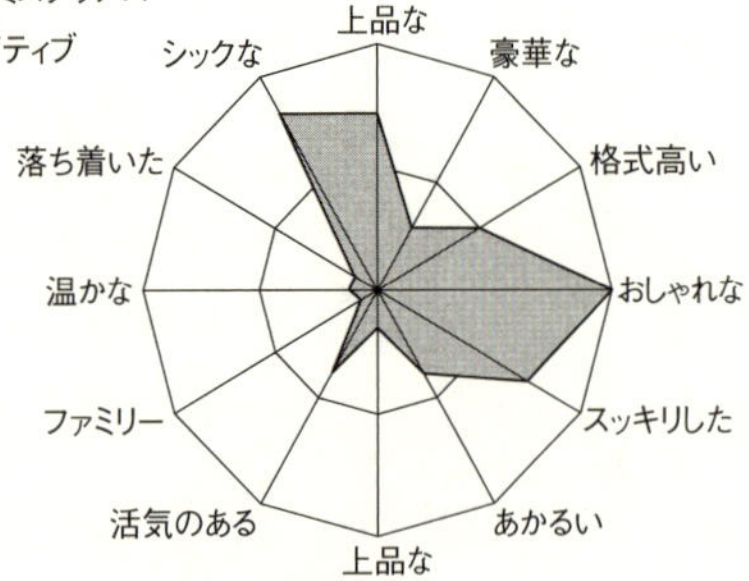

雰囲気・チャート

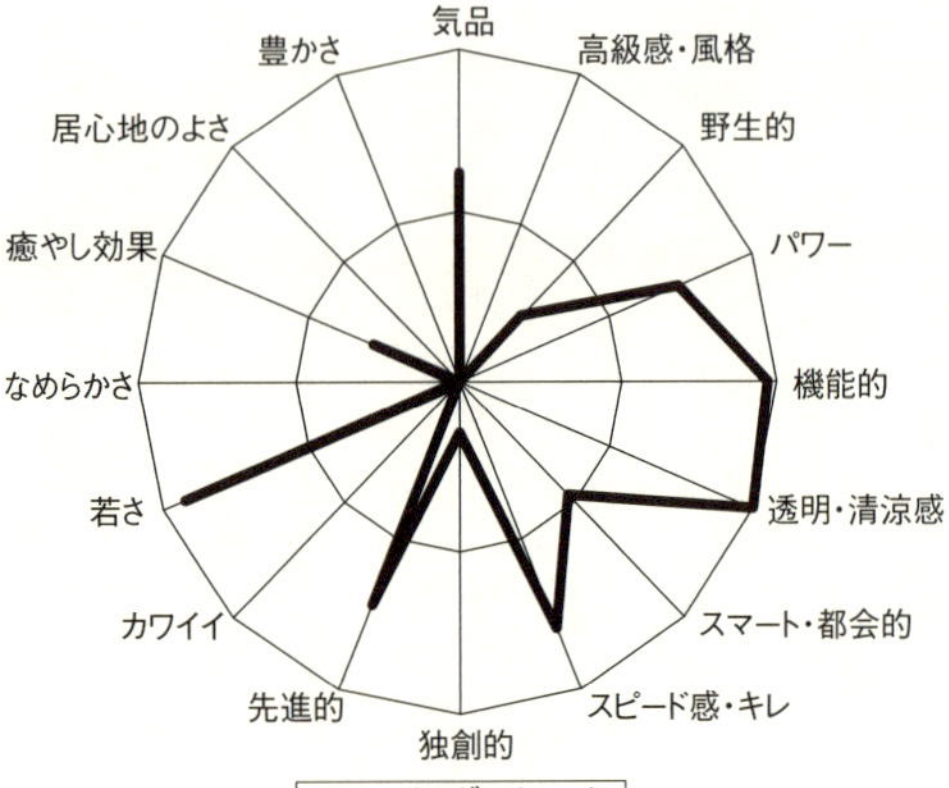

フィーリング・チャート

「のぞみ」のサブリミナル・インプレッション

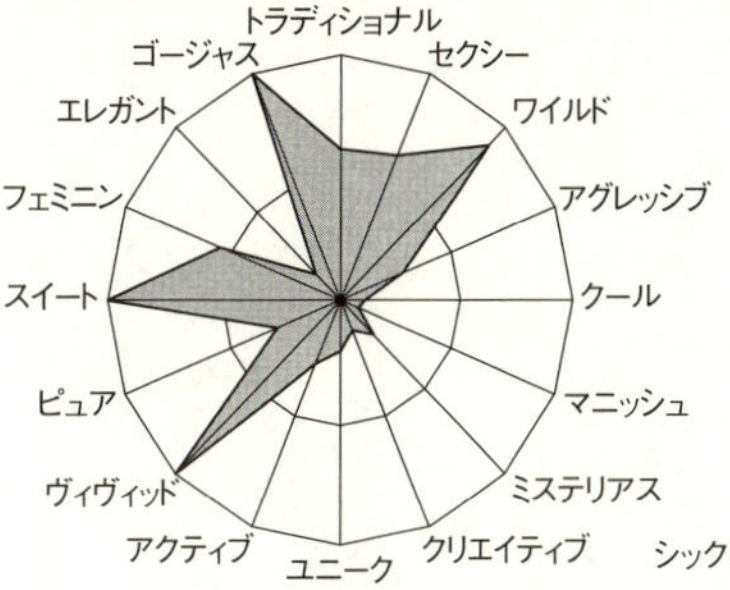

イメージ・チャート

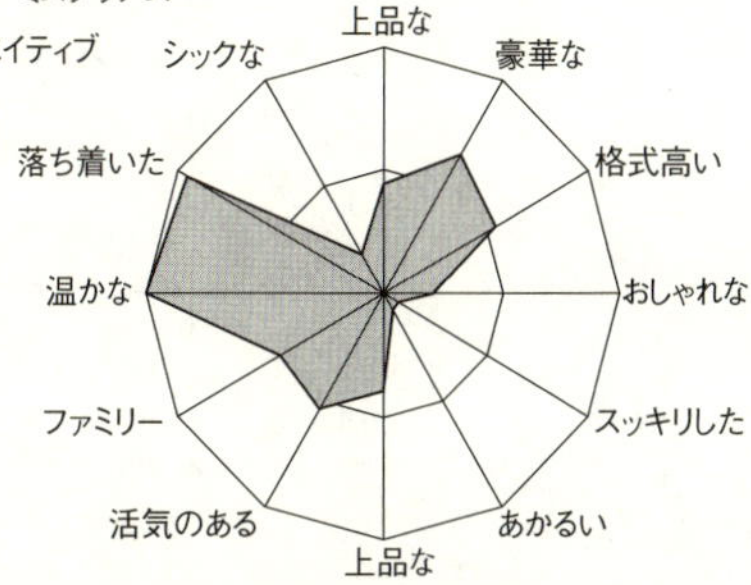

雰囲気・チャート

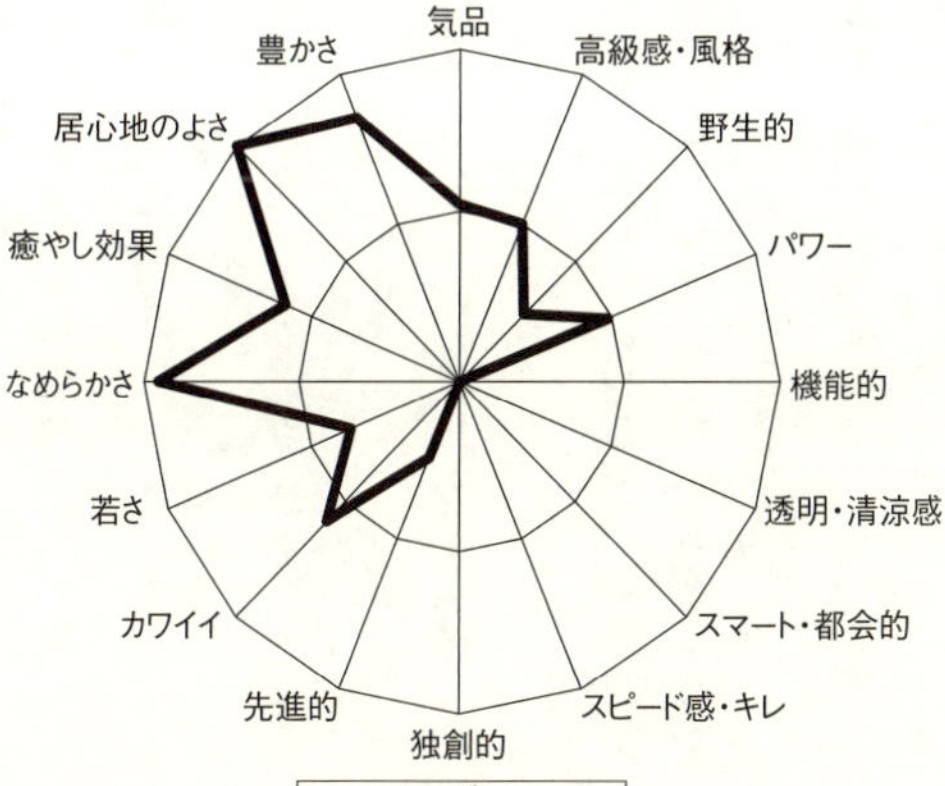

フィーリング・チャート

「のぞみ」には、スピード感はほとんどない。ただ、その代わりに、「居心地の良さ」と「豪華さ」が半端ないのである。

「のぞみ」はその豪華さにおいても、「ひかり」を圧倒的に凌駕する新型だった。スピード感が「ひかり」に勝てないのなら、いっそ、「居住性の良さとゴージャスさ」に振り切るネーミングを採択する。最高の次善策である。

感性とは、裏腹なものである。スピードを追求すれば落ち着きは消える。理を追求すれば、情は消える。その二つを究極までに追い求めることはできない。相殺しあう関係だからだ。その匙《さじ》加減をどうするかも、ネーミングの大事なところなのである。

私たちの分析法（サブリミナル・インプレッション導出法）では、感性属性の訴求度が数値で表される。そのレーダーチャートを見ていると、どうしても欠落しているところが気になって、「あれもこれも」と望んでしまいがちなのだが、相反する要素が拮抗すると、イメージの弱いことばになってしまう。凸凹にならないと、感性は際立ってこないのである。

前ページの「ひかり」と「のぞみ」の分析結果を見てみてほしい。「ひかり」にない感性要素を「のぞみ」がたっぷりと持っていて、逆もまたそうなのが、一目見ておわかりになると思う。

こういう補完し合うネーミングは、いずれの長所も際立ち、優劣が付かないペアとして、長く輝きを失わない。「のぞみ」のネーミング開発チームは、見事な仕事をしてのけた。鉄子の私としては、本当に嬉しい。

二、感性ネーミングの第二法則

年齢・性別で、気持ちいい語感が違う。

これが、感性ネーミングの第二法則である。

子どもたちのお気に入り

第一章で述べたとおり、赤ちゃんが最初に口にする子音は、M、P、Bである。Nがこれに続く。息を制動しない（止めて破裂させたり、擦ったりしない）母音も、自然に発声できる音だ。

赤ちゃん時代からなじんできたこれらの音に加え、くちびるを優しく刺激する拗音（チャ、チュ、チョのように、アイウエオヤユヨを添えて表記される音）が、子どもたちのお気に入り。子どもたちの認知を前提とするなら、これらの音で名前を構成しなければならない。

ミッキー、ミッフィー、アンパンマン、プーさん、バーバパパ、ディズニー、○○レンジャー、あめ、プリン、チョコパフェ、ポテトチップス、ポップコーン、ポッキー、プリッツ、チュッパチャプス……子どもたちが好んで口にするネーミングのほぼすべてが（一般名称であろうと固有名称であろうと）この法則にのっとっている。

グリコには、お菓子の名前はPにすると当たるというジンクスがあるそうで、実際に、ポッキー、プリッツ、パナップ、ペロティなどP音の人気商品は多い。子どもたちの認知度ナンバーワンと言ってもいい子音だし、軽やかな破裂音は弾むような気分を連れてくるので、お菓子の名前に使うには最適である。

なお、**自然体で発音できる母音、M、N、P、Bは、六五歳以上の熟年層の好感度も高い。**年を重ねてくると、口腔周辺の筋肉の運動性能も下がってくる。F、Vなどの技巧的な音は発音しにくくなり、発音しにくい音は認知も下がる。FやVで始まる商品名は、この年齢層がターゲットの場合には奨められない。

幼児とおばあちゃんは共に「アンパンマン」「プーさん」が気持ちいい。お財布を開く人の脳にも、幼児訴求の音韻は効くのである。

若い男子のお気に入り

一三歳を過ぎて、子どもたちは第二次性徴期を迎える。

男の子は、男性ホルモン・テストステロンの分泌最盛期に入る。テストステロンは、男性の下半身で、性行為をアシストするホルモンだ。第二次性徴期には、精巣や睾丸を成熟させる役割があるので、他の年齢よりも多くの量が分泌されている。

テストステロンは、意識そのものにも強い影響力があり、闘争心や独占欲を掻き立て、男子を好戦的にさせる。好奇心を作り出すホルモン・ドーパミンも誘発して、冒険に駆り立てるのである。少年は、テストステロンにアシストされて大人になり、狩りに出ていくのだ。

好戦的な意識に駆り立てられる若い男子の脳は、暴力的な事象に憧れる。重低音が響くロックを愛し、バイクや車の振動や排気音を愛する。音韻の好みもがらりと変わり、「強い摩擦（Z）」「強い破裂（G）」「重い破裂（B）」「重い振動（D）」と共に重低音が響く濁音への好感度を上げるのである。

若い男子の気を引こうとしたら、これらの音韻を上手に使うしかない。**サバゲー、バイク、ギア、ガン、バーベキュー、バーガーキングなどなど、濁音ワードをただ思い浮かべていくだけで、男子御用達な感じが匂ってくる。**

怪獣の名はなぜガギグゲゴなのか

ゴジラ、キングギドラ、ガメラ、ガンダム、ゲルググ、ギャン、ガンタンク……。

怪獣や巨大ロボットの名前を並べていくとG音が圧倒的に多い。

Gは、喉壁を広範囲にわたって硬く絞り上げるようにして出す音韻で、男性は喉ぼとけがぐっとせり上がる。ネクタイを引っ張り上げて、軽く首を絞められたかのような感じを作り出すのだ。

ヒトは、首を絞められると、参った感じがして脱力する。そのほうが気道を確保できるからだろう。G音は「首を絞められた」感を作り出すので、その「参った」感じが降りてくる。加えて、胸郭に響く重低音が、その効果を倍増している。

ゴジラ、キングギドラ、ガメラが、コシラ、キンクキトラ、カメラだったら?

ガンダム、ゲルググが、カンタム、ケルククだったら?

それを思うだけで、G音の迫力がわかろうというものだ。

ギャング、ギャラクシー、ゴーストなど、英語でもG音は、迫力のあるものに与えられる。ギャングをキャンクと呼んだだけで、なんだか私でも勝てそうな気がする。逆に、キンシチョウは、迫力ではギンザに勝てない。


G音を始め濁音は、ブランドネームに迫力と重々しさを与える立役者になる。迫力が足りないと思ったら、加えてみるといい。

若い女子のお気に入り

さて、同じ第二次性徴期に、女の子は女性ホルモン・エストロゲンの洗礼を受ける。

エストロゲンは、排卵を誘発するホルモンで、排卵前の数日にその分泌量を急激に増やす。妊娠前提で分泌されるホルモンなので、きたる妊娠に備えて、水分や脂肪分を身体に蓄えようとする傾向がある。その際に、赤ちゃんが入る腹部をさけるので、女性は、バストとヒップが豊かに、ウエストが細くなるのだそうだ。つまり、女性らしい身体を作り出すのは、エストロゲンなのである。

さて、水分と脂肪分を蓄えて、女性らしい身体を作り出すエストロゲンは、テストステロンと同様、第二次性徴期に成熟後よりずっと多く分泌される。卵巣や子宮などを成熟させるためだ。

私たちの世代は「乙女太り」ということばを使ったが、一〇代半ばに、女子はいったん、少し太る傾向がある。エストロゲン最盛期に入った証拠だ。このときの女子の自覚症状は、とにかく体が重たい。「水を飲んでも太る」という感じだ。ほてるような感じもする。そのうえ、エストロゲンは、意識に作用して、イライラを誘発させる。おそらくは、排卵時に性交に向かわせるため。まったり家の奥にいてはチャンスを逃す。外に出てもらわなきゃいけない。

思春期の女子たちが、だるそうにしていて、キレやすく、ときに突飛な行動に出るのは、躾《しつけ》に失敗したわけでも、反抗しているわけでもない。順調に育っている証拠なのである。

身体が重くほてるように感じているときに、重低音はつらい。男子たちが濁音に好みを傾倒させていく一方で、女子たちは、軽やかに発音でき、口腔が冷える音たちの好感度を上げる。S、K、R／L（ラ行音）、P、（使い方によっては）Hである。

ステキ、スキ、キライ、カワイイ。女の子たちが好んで口にすることば（男性がこれを連発すると女っぽく感じるくらいに女の子御用達）は、これらの音でできている。

よく男性が、女の子の「カワイイ」の意味がわからないと言うのだが、あれは気持ちいいから言っているのだ。意味としてはSNSの「いいね」と同じ。どんぴしゃかわいいものにも使うが、「見た、見た」「わかる、わかる」「ウケる～」の代わりに使われるのである。だから、男子の寝癖を指して、「カワイイ」と言ったりする。

ちなみに、**イ段音、ウ段音は口が小さくすぼんで可愛く見えるので、語頭か語尾についていると、女子たちの好感度は跳ね上がる。**「カワイイ」は、口元も可愛くなるので、好きなのだ。

上げネーム、下げネーム

キティ、キキ&ララ、シャネル、シュークリーム、ショートケーキ、リボン、ピンク……昔から人気が衰えない女子アイテムも、このセオリーにのっとっている。

そして、シュンスケ、リョウヘイは、女の子の「語感」人気トップの男子名だ。シュンスケなんて、呼んだとたんに、爽やかな風が吹く感じがする（自分の息の風なんだけどね）。リョウヘイは、華麗でクールな感じがする（自分の舌が華麗に翻り、舌の裏が空冷されただけなんだけどね）。

女性は、五〇代まで、おおむねこの音韻嗜好を持ち続け、ホルモンバランスが偏る更年期にもう一度、この音韻嗜好を強める傾向にある。つまり、高校生の娘と、五〇前後の母親が同じことばに反応する。

娘が「つき合っている子がいる。シュンスケっていうの」なんて言ったら、その名前を聞いただけで、なんとなく「爽やかでいい子」な気がしてくるのが更年期の母心。

一方で、やはり更年期の父親のほうは、どっしりしたMやDやZの好感度が上がっているので、「なんだ、そのすかした奴は」という感じがしてしまう。本人に会ってもいないのに。

名前の音だけで、上げられたり、下げられたり。しかし、笑い事じゃない。もしも商品名に、これが起こったら、売り上げに影響が出てしまうのである。

ターゲットの性別×年齢に偏り傾向がある場合は、「年齢・性別で、気持ちいい語感が違う」、感性ネーミングの第二法則を思い出してほしい。

大人男子、キャリアウーマンのお気に入り

スピードと問題解決。このために脳を動かしている人たちは、スピードとパワーを感じさせるT、K、H、S（表記で言うとCも含む）の好感度が上がっている。しっかりつかんだ感じがするGやD、力強い瞬発力を感じさせるBも、アクセントに使うといい。

T音は、上あごに舌をくっつけて、舌に息を孕《はら》ませたのちに弾き出す。息を孕ませたときの舌の膨張感（確かさ、充実、たまる感じ）と、舌の上に溜まった唾液が、息と一緒に押し出されて弾き出される感じ（生命力、賑やか、艶）が、T音の魅力である。

確かさと充実、生命力を感じさせるこの名は、この国の大手企業に多く使われている。トヨタ、マツダ、東芝、三菱、日立、富士通……。

そして、東京。東京は都市名だが、ビジネスワードとしての秀逸な語感を擁している。充実と生命力のTに、スピードと求心力と輝きを感じさせるK拗音（キャ、キュ、キョ）。東京がもし、別の音韻の名だったら、たとえば江戸市だったら、ここまでいろいろな機能が集中して繁栄しただろうか。いや、私はそうは思わない。

ちなみに、京都も同じ音韻でできている。この二つの都市が、人を惹きつけてやまないのには、その名を口にしたとき「いつも、今を生きて充実し、輝いている」感じがするか

らじゃないだろうか。ただ「古い都」だから「中央機関がある」から、私たちはそこを目指すのではないと思う。

大人男子のもう一つの気持ち

男性脳は問題解決を旨としているので、おおむねこれらの語感嗜好で生きている。ただし、問題解決機能を休ませて、本能に従いたいときは話は別。母性のM音、ふんわりしたF音、華やかなR／L音（ラ行音）、軽やかなP音などが、俄然好感度を上げる。

ボルボ、BMW、ベンツにわくわくする一方で、ポルシェやフェラーリにもどきどきする。

うちのママに優しくしてもらえなかったら、銀座のママのもとにも通う。

つまり、同じ大人男子向けブランドでも、「どっちの気持ちに訴求するか」によって、選ぶべき音韻は違ってくる。会計システムのネーミングと、銀座のクラブのそれでは、同じ法則にはならない。

そして、男性ホルモンが減衰する五〇代には、「気持ちの頼りなさ」を自覚することもあって、強い瞬発力や摩擦を感じさせてタフな気持ちにさせてくれる濁音の好感度が上がってくる。おじさまたちが「頑張ってくれ」なんて言うのは、「部下の頑張りが足りない」と思って言うのではなく、自分自身を励ましているのである。それで言うと、腰痛に効く鎮痛消炎剤のフェイタスZ（ゼット）は、本当によくできたネーミングだなぁと感心してしまう。仕事（タス）にも遊び（フェ）にも効き、前向きの意識を作り出すイと、五〇代男子を励ますZでできている。

女のことは、女に聞け

キャリアウーマンも、プライベートシーンでは、この後述べる「大人女子のお気に入り」の音韻の効果で気分が上がる。特に家庭を持ち、子育てをしているキャリアウーマンは、この二つを、一日のうちに劇的に切り分けて、うまく生きている。

そういう意味では、女性社員を「市場の女心をつかむセンサー」として頼りにしたらいい。男性と女性ではあまりにも感じ方が違うので、男性にはなかなか「市場の女心」はつかめない（もちろん逆もまた真なり）。

開発チームは男女混成にして、男女の発言力をイーブンにするほうが健全である。そのとき、「なぜ、それがいいと思うのか」を理詰めで追及しても虚しいこともあると心得て。

「女性は濁音が不快で、爽やかな音が好き」なんてことの「なぜ」を聞かれても、普通は説明できない。語感だけならこの本を見せればいいが、語感以外にも、感性の領域には「脳がそう感じるから、そう」ということが多くて、理屈や数値で証明するのは難しいのである（私は、それを研究しているのだけれども）。

感性をマーケティングに取り入れようとしたら、「女性たちが確信をもってそう言うのだから、そうなんだろう」と呑み込む度量も必要である。

大人女子のお気に入り

共感と癒やし。これを求めている脳では、M、N、Y、J、D、V、Soの好感度が上がる。Mはまったりした息の感触が、Nは上あごに触れる柔らかい舌が癒やしをくれる。

第二章に述べたように、Yは、イを基音にした二重母音である。緊張緩和の体感を作り出し、優しさ（ヤ）やゆるし（ユ）、安寧（ヨ）を漂わす。

Y音は、家族をゆるし、家庭を守り、癒やしを与える女性たちの気持ちに最も似合う音と言えるかもしれない。実際に女の子の名前にも人気がある音韻である。

J、Dは舌を振動させる音で、唾液腺を刺激して、口腔内の潤いを増す音。年を重ねて、潤いが足りなくなってくると、さらに好感度は高くなる。唇を弛緩させるV（ヴィ、ヴェ）も、潤いと共に、ベルベットのような深い優しさを感じさせる。この三音は、潤いを与える化粧品や、高級感のあるブランドに使うと効果がある。振動しない清音（K、S、L、P）は、クリアで透明感があり、振動する濁音は、潤いと深みを感じさせる。どちらを訴求させるかでブランド名のありようも変わってくる。

三、感性ネーミングの第三法則

時代によって、気持ちいい語感が違う。
これが、感性ネーミングの第三法則である。

感性トレンド

私の研究の中に、「大衆全体の感性の五六年周期」説がある。感性トレンドと呼んでいる。ヒトの脳には、認識の仕組みから生じる七年周期があり、「七年で飽きる」という癖がある。

人々が一斉に見、聞き、味わい、触れる「流行」には、人々が一斉に七年目に飽きる。それを四回繰り返した二八年目で感性真逆の事象を愛し、五六年目に元の位置に戻ってくる。これらは、デザイン、化粧などの流行の変遷をつぶさにたどることによって、見出された。自動車や時計のデザインの流行を調べると、あるデザインタイプの流行がピークを迎えてから7年目に、別のタイプの流行が始まるという現象が見られるのである。

たとえば、自動車は二〇〇二年、丸さと曲線のピークを迎えた。小型車はみんな、丸くてキュートなスタイルに。ポルシェもまん丸。世に出されるほぼすべての車がグラマラスな曲線でできていた。二〇〇三年、四角いボルボも丸くなる。二〇〇三年の製品発表会のテーマが「四角いボルボが丸いわけ」だった。このまま、二〇一〇年近くまで、自動車業界では、丸さブームが続いた。

この二八年前（一九七四年前後の数年）は、歴史に残る名車、ハコスカ（三代目スカイラインC10型）とケンメリ（四代目スカイラインC110型）が若者の心をわしづかみにした時代である。ハコスカは、その名の通り、横長の直線と角でできた直方体デザインだった。この余波で、一九八〇年代前半まで、車は「横長の直線と角」の時代であった。セリカ、ソアラ、MR2、クラウン……当時の車を思い出してほしい。しゅっとした直線が、どれだけかっこよかったか。

感性トレンドやその根拠について、もっと詳しく知りたい方は、拙著『ヒトは7年で脱皮する』（朝日新書）をご参照ください。

ことばにもトレンドがある

車だけじゃない。ファッションや建築などの流行も、これと連動している。ヒトは、ファッションと車と建築を別の回路で見るわけじゃない。一つの脳で、世の中を見ている。「気持ちいい」と感じる事象は当然似てくる。車は「曲線」だけれど、ファッションは違うということはないのである。

一九七〇年代半ばから一九八〇年代前半、車が「横長の直線と角」でできていた時代、女性たちは肩パッドで肩を尖らせ、太い横長の眉を作った。アイラインも太く切れ長。くちびるも、ブラウンやチョコレート色など暗い色調で薄くマットに描いた。

口から出すことばも尖っていた。女性たちは、三高（高学歴・高身長・高収入）ということばを臆面もなく口にした。歌謡曲は不倫と不良の歌が満載だ。「ちっちゃなころから悪ガキで」だの「盗んだバイクで走り出す」だの「土日のあなたが欲しい」だの「誰かに盗られるくらいなら　あなたを殺していいですか」だの。

感性真逆の二〇〇〇年代、車が「複雑な曲線」でできていた時代、女性たちのファッションも複雑な曲線でできていた。フリルにギャザーに柄合わせ。つけまつ毛を山ほどつけて、くちびるはふっくらとグラマラスに仕上げる。ヒアルロン酸注射をして膨らませるくらいの勢いだった。さらにふっくら感を強調するために、グロスを使って、艶やかに仕上げる。グロスとつけまつ毛は、この時代の女子の必須アイテムだった。

この時代、口から出すことばも、優しかった。歌謡曲は、なぜかサクラブーム。サクラをテーマにした清々しい楽曲を複数のアーティストが発表していた。併せて、友や家族を思う歌が流行り、その果てに「トイレの神様」（植村花菜）で人々が泣いた。

尖った意識で尖った言葉を使う時代と、甘い気持ちで甘い言葉を使う時代。ことばにも、トレンドがあるのである。流行りことば（言葉の一つ一つ）ではない。「その時代に使われやすい語感傾向」である。

尖りデザインの時代

さて、車のトレンドに話を戻そう。車のデザインは、「曲線」のピークから「直線」のピークまで、七年ごとの変化を見せながら、二八年で変容していく。

曲線ピークの七年後、丸い車に「角が立つ」。二〇〇二年の七年後、二〇〇九年、トヨタが「ゴツンとルミオン　四角系」というキャッチコピーを使った。そして、同時期のダイハツの「カクカクシカジカ　四角いムーヴ　コンテ新登場」は、覚えている人も多いのではないだろうか。広告代理店が一クール（三か月）のために用意したこのキャッチコピーは人気を博し、なんと一九か月間も使われたという。

四角い、である。車を買う理由になるとも思えないのに、人々が反応する。これこそが、潜在意識を牛耳る感性トレンドの力である。

この七年後には角が尖り、さらに七年後にはこの水平ラインが現れ始め（フロント・天上が平らになり、ウエストラインやウィンドウの下端のラインが水平になる）、次の七年後（二八年後）に角が直角に整えられ、直方体が完成する。

その予想通り、二〇〇二年の一四年後、二〇一六年には、目（ライト）とヒップラインがきゅっと尖ったマツダロードスターがワールド・カー・オブ・ザ・イヤーに輝いた。今やプリウスもかなり尖っている。

二〇一六年は、つけまつ毛ブームが沈静化して、アイライナーの売り上げがつけまつ毛を凌駕した年でもある。キャットラインと呼ばれる、目じりをくるんと跳ね上げたアイライン・スタイルが流行した。車の尖りと、時を同じくして。

当然、ことばも尖ってきている。

「夢」が「使命」に

バブル期から二〇一三年ごろまで、人々は「夢」ということばをよく口にした。企業も「夢をかたちに」などキャッチフレーズに使った。アスリートも、夢ということばを使ったし、「夢を語れなければ、起業家になれない」なんていうスローガンのもと、若き起業家たちの夢コンテストなるものもあったっけ。

二〇〇〇年代には、奇しくもホンダの The Power of Dreams と、トヨタの Drive Your Dreams が「夢かぶり」した。

今、「夢」を使う企業もアスリートも少なくなった。その代わりに耳にするようになったのが「使命」「本格」「挑戦」「世界初」「史上初」などということばたちである。

女性誌のキャッチコピーも、二〇一三年ごろまでは「愛され〇〇」「美魔女」「ナチュラル」「スイート」などの甘えめなことばが目立ったが、二〇一三年を過ぎたあたりから、

「本格派のジャケット」「凜々しい○○」などとクールな表現が目立ってきた。

デザインが尖る時代には、人々の意識も尖ってくる。悪い意味じゃない。「凜々しさ、自尊心、意欲、向上心」を心地いいと感じるようになるのである。かつて、夢を語り「おばかタレントが、割り算を間違うクイズ番組」に癒やされた人たちが、使命を語り「クイズ王の熾烈《しれつ》な戦い」にわくわくする。

それぞれの時代に、人々が気持ちいいと感じるネーミングが同じであるわけがない。

時代を超えて残ることば

ただし、第一法則を担保している場合には、時代を超えて、ことばは愛される。

ホンダのThe Power of Dreamsは、「ホンダ」の語感とよく似ている。発音してみるといい。口腔をふっくらとさせつつ息を噴射し（Power／ホン）、どっしりとした安心感で受ける（Dreams／ダ）。夢とパワーと安心感がつまっている。それは、本田と呼ばれる人が世間に期待され応えてきたイメージであり、自動車メーカー・ホンダが目指すところなのではないだろうか。

語感研究から見ると、創業者の名を会社名に付すというのは、創業者の思いを残しているのと同義である。そのブランド名と語感を同じくするこのキャッチコピーは、時代をいくつか超えて、ホンダを支え続けるのではないだろうか。

しかも、powerということばのほうは、これからが旬なのだ。

「パワー」のススメ

二〇一八年の初め、ある住宅メーカーからコンサルティングの依頼があった。

メインブランド名が「パワーホーム」だという。耐震性能は最高クラス、消防署なみに強い。省エネ・断熱などの性能も高く、家族を守る強い家だ。なので、パワーということばを使ったのである。しかし、「パワーホーム」は、ネーミングではいま一つ女性に響いていない感じがする、もう少し華やかさや優しさのあるネーミングかキャッチフレーズが必要ではないか。営業の現場からそのような意見が出て、私が呼ばれたのだった。

二〇一八年初頭の時点で、確かに女性市場に「パワー」はありえなかった。女性たちが家を買うときの気持ち（広いリビングにお友達を呼んで……などと発想するシーン）にはそぐわない。それを指摘したセンスはさすがである。

しかし、私が提案したのは、あえて真逆の「パワー押し」だった。

二〇一九年以降、人々の気持ちが尖ってくる。その傾向は二〇二七年までどんどん強まっていく。その流れの中で、パワーというワードは好感度を上げる。女性たちも使いたくなるくらいに。

「パワーホーム」は、誇りをもって使い続けるべき。そして、いっそさらに「パワー」に邁進しよう。今までにない設計をして、業界初の「女性のための最強ホーム」を作ろう、と提案した。

この提案をした時点で、世の女性が「パワー」に傾倒する気配は一切なかった。なのに、この会社は、迷いもなく、その提案に乗ってくれたのだった。ネーミング再開発プロジェクトに参加した女性社員たちの深い納得と共感が、山を動かしたのである。

やがて、業界紙の女性編集者をして「今まで見たことがない」と言わしめた、噂の「パワーホーム DIWKS PARFAIT（デュークスパフェ）」を生み出したナイス株式会社である。

家事動線最少の家

女は、家の中で、常に意識を緊張させている。歯磨きをしながら鏡を磨き、トイレに立つついでに汚れたコップを片付ける。その帰りに、玄関に干してある傘をたたみ、消臭剤が残り少ないことに気づいて、脳の中の買い物リストに加える。有能な主婦である女性は、家の中で脳を休ませることがない。そんな女にとって、家は「戦場のベースキャンプ」、安らぐための場所じゃない。

帰宅して、ほっとして微笑んでる暇なんかない。帰路の電車の中からすでに、ドアを開けた瞬間からの家事動線を計画しているのである。ドアを開けたら、ゴングが聞こえる。これは、私自身の実感であり、プロジェクトに参加していた女性社員の実感でもあった。

そんな女性たちの家事動線と家事時間を、一ミリ、一秒までも切り出して、最少にする。それが、私たちの使命だった。

たとえば、家族四人の衣類と小物を収納できる、大容量のウォークスルー・クローゼットを実現する。衣替えが要らず、探しものをしなくて済む。家族は、帰宅したら、このクローゼットを通って、着替えながら、脱衣場に抜ける。夫や子どものカバンや脱いだ靴下がリビングに置き去りにされることがない。

クローゼットに隣接した脱衣場は、乾燥室になる。お風呂に入る前に洗濯機を回し、風呂上がりにハンガーにかけて、並べて干しておけば、寝起きにそのハンガーを隣室のクローゼットに移すだけで洗濯終了である。日常の洗濯なら、これで十分だ。

ナイスは、そのクローゼットを、パワークローゼットと名づけた。併せて、パワーキッチン、パワー洗面、パワーエントランス。そのすべてに、女性たちを美しくパワーアップさせる幾多の工夫がある。「パワー押し」もいいとこ。

そして、パワーシリーズをフル装備した家を、「パワーホーム　DIWKS PARFAIT」と呼ぶ。DIWKS は Double Income With Kids の略で、子どものいる共働きの夫婦のこと。キーパーソンとなった女性（働くママ）の発案である。家事時間の短縮必要性を最も切実に感じている層なので、象徴として使った。もちろん、子どもを持たないキャリアウーマンや、家事達人のためにも十分検討された。PARFAIT は、完璧を意味するフランス語。パフェは、もともと、「完璧なデザート」という意味だ。この言葉は、男性が添えてくれた。「デュークスパフェ」は、D音の落ち着いた安心感と、P音の軽やかなスピード感、F音のふっくら感でできている。ホンダの The Power of Dreams とよく似た語感の組み合わせで、夢とパワーと安心感が詰まっている。

パワーの時代が幕を開けた

そんな体制を整え終えた二〇一八年の秋、マーケティングの現場で、パワーカップルということばが生まれた。「夫婦合わせて年収一〇〇〇万円以上」「夫が年収六〇〇万円以上、妻が四〇〇万円以上」「夫婦ともに年収七〇〇万円越え」など様々な定義があるものの、夫婦合わせて高所得を生み出す世帯のことだ。

三菱総合研究所の発表を受けて書かれた「産経新聞」の記事（二〇一八年一一月）によると、「同じ世帯年収一千万円以上でも、夫が一人でほとんどを稼ぐ家庭と比べると、パワーカップルの月間消費支出総額は約一・四倍も多い」とのこと。高い購買力と情報発信力をもつ市場牽引層として注目されている。

二〇一八年終わりには、女性誌に「パワー女子」ということばが使われ始めた。

そして、二〇一九年二月二八日発売の月刊誌「Ｄｏｍａｎｉ」の地下鉄中吊り広告が話題を呼んだ。「今さらモテても迷惑なだけ」「〝ママに見えない〟が最高のほめ言葉」「働く女は、結局中身、オスである」……戦うキャリアウーマンたちの、自虐的使命感が漂ってきて、私はカッコイイと思った。なによりも、ジェンダー問題に抵触するこんな尖ったことばを女性市場に投じたら、どんな騒ぎになるかわかっていて、あえて決断した編集長がカッコイイ。

女性もパワーに傾倒する時代は、ついに幕を開けたのである。

こういう時代には、反発パワーも強く働く。

パワーカップルは、マーケティングの新用語になりつつある一方で、世間では、「そうでないカップル」を貶《おとし》める差別用語としてとらえる向きもある。「Ｄｏｍａｎｉ」は、広告掲載当日に炎上した。

今や「男と同じだ」と言っても、女性蔑視、男女差別だと解釈されていく。

人々の気持ちが尖ってくると、「正してやりたい」気持ちも募ってくる。「尖った表現」が出てくる一方で、それにネガティブなニュアンスを感じて「正してやりたい」人々の声も大きくなってくる。これが二〇二七年くらいまでの、ことばに関する時代のトレンドである。

ことばは生きている

女性蔑視への反発に関しては、五十数年前も同じ風が吹いていた。一九六〇年代後半、大衆全体の意識の尖りが募り、とうとう社会運動（全共闘）として噴出する。その流れの中で、ウーマンリブが生まれた。女性解放運動である。

一九七五年、インスタント食品のCMで、女性タレントに「わたし作る人」、男性タレントに「ボク食べる人」と言わせたことが、女性運動団体に「料理を作るのは女性だと決めつけていて、女性蔑視だ」と反発され、CMが中止された。私は中学三年だったので、よく覚えている。「気がつかないところに差別の芽があり、気がつかないこと自体が罪なのだ」とテレビで誰かが言っていた。私は、気がついてもなお問題だと思えない自分にショックを受けた。今では、こういう女性運動家たちの積み重ねが、今日の女性の職場進出を下支えしていることは理解できる。

感性トレンドから言えば、「社会に対する反発」は、ここからさらに強まるはず。「社会はこうあるべき」という正義感が、これからいっそう、人々を包み込んでいくからだ。


ことばは、時代と共に生きている。

ある時代に一世を風靡したことばが、時代の風向きが変わって、輝きを失うことがある。「夢」「Win-Win」「カワイイ」「ナチュラル」「セレブ」「愛され○○」……あんなにキラキラしていたことばたちなのに。今、ビジネス提案で「Win-Win が僕の夢です」なんて言われたら、仕事を託せるだろうか。

感性トレンドによれば、二〇一九〜二〇二七年は、凛々しさが増し、パワーへと傾倒していく時代。本質を突く文言、クールな言いぶりが日に日に好感度を上げていく。

音韻では、息や筋肉がタフに働き、口腔内の温度が下がる音の好感度が上がる。T、K、H、P、R、Sなどがそれに当たる。「妻のトリセツ」（私事で恐縮ですが）も「トランプ」も、今まさに、活き活きして聞こえる音韻列だ。

時代の要請は、車のデザインや、女性のファッション、流行歌などに現れる。周囲の様子を観察し、注目を集める（炎上も含めて）企業のキャッチコピーなどを眺めていれば、全体の向かっている方向がつかめるはずだ。

ブランド名自体は、一〇〇年の時を超えて残していくことばなので、第一法則を遵守すべきである。しかし、その語感が、時代と相反する感性をもつ場合には、添えるキャッチコピーは、その時代に合った音韻を意識しなければならない。

生きていることばと共に生きる。ことばを生業にする者の、実感ではないだろうか。

第四章　脳にとって「ことば」とは何か

人は、いつ、ことばに出会うのだろう。
お母さんのおなかの中であることは間違いない。
では、その、いつ？

胎内の記憶

お母さんのおなかの中であることは間違いない、と私が確信しているのは、我が家の息子が、胎内で聞いたことばを覚えていたからである。

息子が二歳のある日、私たちは、ちゃぶ台の前にいた。
私は新聞を読み、息子は、私のトレーナーの裾を広げて、頭から入り込み、ご満悦だった。

寒い日だった。そのころの彼は、私の着ているものの中に入るのが大好きだったのだ。手が冷たいときは、上着の裾から潜り込んで、おっぱいで温めるのが、彼の常とう手段。その日も、そんなシーンだったのだと思う。私は、部屋が暖まるのを待ちながら、新聞を広げていた。

そうしたらふと、トレーナーの中の彼が、「ママ、ゆうちゃん、ここにいたんだよね」

とつぶやいたのだ。

彼が、かつて私のおなかの中にいたこと。たぶん、私自身が教えたのか、他の大人が教えたのだろう。なので特段気にせず、「そうよ」と生返事をしながら、私は新聞を読み進めていた。しかし、彼の次のことばが私の手を止めさせた。「ママは、あかちゃんがんばって、ってゆった」

あかちゃん、がんばって。

このことばを言った期間は、明確だった。息子が生まれる三週間前まで、私は働いていた。最後の日も深夜残業していたくらいである。とはいえ、臨月に入るころからは、急におなかが張ることがあり、ここで出産はまずいと思った私は、おなかをさすって「あかちゃん、がんばって」と呪文のようにお願いしたのだった。

したがって、このセリフは、息子が生まれる五週間前から三週前まで、長くとも二週間しか口にしなかったことばだったのだ。生まれてからは、この子を赤ちゃんと呼んだことはない。

私はその瞬間、彼が胎内記憶を語っているのだと確信した。そこで、私は、ずっと誰かに聞きたかったことを、息子に聞いてみることにしたのである。

その質問は、なぜか、一回しかできないと直感した。一度引き出すのに失敗したら、その記憶はばらばらになって、記憶の海の底に沈んでしまうにちがいない……私は、慎重に彼と呼吸を合わせた。

「ゆうちゃんは、ママのおなかの中にいたんだよね」「うん」

「で？　その前、どこにいたの？」

ここまで慎重を期しながらも、私は、彼の答えを期待していなかった。しかし、彼は教えてくれたのだった。

「ママ、忘れちゃったの？」と、彼は、いぶかしげな顔でトレーナーの中から出てきた。「ゆうちゃん、木の上に咲いてたじゃない。で、ママと目が合って〜、それでもって、ここにきたんだよ」と言いながら。

まるで美しい詩のようだった。

子は母を選んで生まれてくる

幼児が語る胎内記憶には、共通の特徴があると言われている。高いところにいて（お空、雲の上、屋根の上など)、母親を見ていたということ。母親を選んでここに来たということ。息子の語った胎内記憶も、これに準じていた。

息子が、木の上に咲いていた、とは、私も思っていない。おそらく、最初の意識が始まった、その瞬間のイメージが、彼の語彙の中では「木の上に咲いてた」に一番近かったのだろう。注目すべきは、彼や、胎内記憶を語る多くの子どもたちが、母を「選んできた」と確信していることだ。

卵子に幸運な精子がたどり着き、受精卵になる。受精卵が無事子宮壁に着床して、細胞分裂が進む。六週目には、後に脳と脊髄になる神経管のチューブができあがる。そんな生命の最初の歩みには、個人差はほとんどない。その歩みのどこで、脳は最初の「意識」を生み出すのだろうか。いずれにせよ、個人差のほとんどない領域で起こることだ。

その「意識」の初めに、母を選んだ確信がある。多くの胎内記憶を語る子に。ということは、おそらくすべての赤ちゃんに。実際に選んだかどうかは別にしても。

母を選んだということは、人生を選んだということだ。人生は、「能動的な確信」と共に始まるのである。そのことが、どうしようもなく、私を泣かせた。

耳じゃなく、揺れ

私は語感の正体が体感であることを知るまでは、胎児がことばを知るのは耳からだと思っていた。つまり聴覚野が完成してから、ヒトはことばに出会うのだ、と。

胎児の聴覚野は、ほぼ三〇週目に完成するという。つまり、妊娠七か月目の後半には、外部音声を感知して、記憶の領域にしまうことが可能になる。我が家の息子のように、妊娠終盤の母親のセリフをそこから持ち出すことも、もちろん奇跡じゃなく、普通に可能なのだ。

しかし、ことばの真髄が「筋肉のゆらぎ」「息の流れ」「音響振動」などの体感に由来するとしたら、それはもっと、驚くほど早い時期に起こることになる。なぜならば、母親がことばを発するとき、おなかの中にいる赤ちゃんは、母体の筋肉運動、息の音や声帯振動の音響のど真ん中にいるからだ。

想像してみてほしい。母親のおなかの、羊水の中に浮かんでいる自分を。安寧に浮かんでいたかと思ったら、横隔膜が勢いよく上下し、腹筋が緊張して、縮んだり張ったりする。声が腹腔に共鳴して、細かい振動が起こる。——つまり、天井が上下し、壁が膨張・収縮を繰り返し、絶えず細かい振動が起こるのである。大地震に、雷を加えたような、そんな変化に気づかないわけがない。

神経がわずかでもできてくれれば、揺れていることはわかる。妊娠のとてつもなく早い時期から、胎児は、「ことばに伴う物理現象」を感知しているのである。

「ありがとう」の本当の意味

やがて、その物理現象には、規則性があるのがわかるはずだ。

たとえば、母親に何か嬉しいことがあって、「ありがとう」と口にしたとしよう。おなかにいる赤ちゃんにとっては、母親の血流や、嬉しいときに分泌されるホルモンの作用などで、とても気持ちいい環境になる。同時に、「ありがとう」の筋肉運動や音響振動が届くのである。

このことが何度か繰り返されれば、赤ちゃんの脳に、「ありがとう」の発音体感と、胎内の気持ちよさの関係性が生まれるはずだ。やがて聴覚野が完成すれば、これに音声情報が加わる。つまり、胎児は、「ありがとう」の真ん中にいて、「ありがとう」を口にする人の体内で起こる喜びを、その身体の一部として知るのである。

よちよち歩きの小さな子でも、何かをもってきてくれたときなどに、「ありがとう」と声をかけると、花が咲いたように笑う。「あー、あなたは、ありがとうの意味を知っているのね」と私は嬉しくなる。

この話をある講演でしたとき、講演後に控え室に訪ねてこられた方がいた。

「妻は、末っ子のお産で亡くなったので、私は男手一つで三人の子を育てました」とその方は話し始めた。「私の妻は、ありがとうの多い女で、何かにつけ、それを言ってくれていたんです。そうしたら、末の子が、ありがとうの多い子で。まさに母親の口調で、母親と同じタイミングでそれを言う。この子は、母親を知らないのに……不思議で不思議でしようがなかったのですが、今日、そのわけを知りました」

あの子は、と、その方は静かな声でおっしゃった。「母親をちゃんと知っていたんだ。一〇か月も一緒にいたんですからね」

私は、胸を打たれて、しばらく言葉を失ってしまった。

母というのは、かくも特別な存在なのである。生まれてすぐに会えなくなったとしても、一〇か月で残したものは、果てしなく大きい。

この本を妊婦の方が読んでくださっているのなら、どうぞ、この特別な蜜月期間を情緒豊かにお過ごしください。「ありがとう」も「嬉しい」も「おいしい」も「かわいい」も、たくさん言ってください。「悲しい」や「悔しい」や「つらい」があってもいい。ときには「ムカつく」「ばっかじゃないの」があってもいい。心と一致した言葉を、どうか、たくさん口にしてほしい。

また、この本を読んでいる方で、早産してしまったために、自分の子どもには、この体験が足りないのでは？　と思われた方がいたら、どうか、心配しないでほしい。後に脳や脊髄になる神経管のチューブができるのが妊娠六週目と言われている。おそらく想像を超えるような早いうちから、私たちは、母体のことばの振動をキャッチしている。脳ができあがるきっとずっと前から。だから、大丈夫。育児に心配事は山ほどあるのに、新たに一つ加えることはない。

命の転写

語感は、発音体感がもたらす脳のイメージであり、ことばの感性の核となるものだ。その体感は、最初に、母の胎内で、母の発音体感に同調するようにして獲得するのである。母親の血流と、筋肉の動きの「ゆりかご」の中で。口伝てならぬ、〝命伝て〟で。

ならば、ことばとは、命のすべてを使って授けてもらうもの。まさに、命の転写である。

心とことばの「物理現象」に包まれることもなく、血を分け与えてももらわず、息の温かさも知らない者に、ことばは永遠に理解できない。――人工知能に、ことばの神髄を与えることはできない。

私の語感論をもってすれば、いくばくかの「気持ちいい会話」を実現できるだろう。けれど、人工知能の「愛してる」には、「すべてをゆだねた」感じはしないし、人工知能の「ありがとう」には、「すべてを捧げた」感じはしない。"I love you!"に"I know."と応えても、包み込むような情は通わない。そこに、血流と、筋肉のしなやかな動きと、息の温かさがないからだ。

人工知能に、ことばの感性を授ける……それを目標に始まった私の語感研究は、目標自体をあっさりと否定される結果となってしまった。ことばは、命の奥深くに根ざして、生きているもの。引き抜いて、機械に飾ってもなんの意味もない。人工知能に人のふりをさせることは、ナンセンスなのである。

しかし、私は、なんとも清々しい思いでいる。また、新しい道を拓けばいいだけなのだから。人工知能の身の程に見合ったコミュニケーション・モデルをどう定義するのか、あるいは、人工知能のジェンダーをどうするのか。人工知能とヒトの感性臨界には、まだまだ問題山積である。ということは、研究テーマが山ほどあるってことだ。人生に飽きる日は、まだ遠いらしい。

おわりに　～世界は、語感で二分される

アルデンテがわかるのは、イタリア人と日本人だけだよ。

そう囁いたのは、イタリア人のフルート奏者だった。私を口説くためじゃなく、彼は、ゆですぎのパスタに本気で憤慨していたのである。「ドイツ語をしゃべる人たちのパスタは食べられたものじゃない」と。

私はそのとき、イタリア語と日本語が、母音主体の言語であることに思い至った。

ローマ字で書き下してみれば明らかなように、日本語は、すべての拍の終わりに母音（aiueo）が付く。日本語の使い手は、私がクロカワと名乗れば、ku／ro／ka／waと脳内でキャッチする。u‐o‐a‐aという母音流れをとっさにしっかりとつかんで、この語が四拍（四文字）のことばだと悟るのである。

かつて、私は日本語の音声認識の開発に携わっていたことがある。当時の日本は人工知能に関しては後進国で、人工知能の基礎技術に当たる音声認識プログラムは海外から持ち込んでいた。つまり英語の音声認識プログラムの転用だ。

しかし、これがうまく行かないのである。音声認識の精度が一向に上がらない。そこでわかったのは、「英語人は、音声波形から子音流れを切り出し、日本語人は母音流れを切り出して聞く」ということだった。音声波形からの〝ことばの骨格〟の切り出し方が違っていたのである。

英語人は、クロカワと言われたら、k－r－k－wという子音流れをキャッチする。しかも、子音間の間隔が一定であることにこだわる。挟まれる母音の勝手な間延びを許さないのである。

母音主体で認知する日本語人は、間延びに強い。そもそも、母音は好きなだけ伸ばせる音韻なので、尺の揺れは想定内なのだ。「クーロカワ」でも楽々と「クロカワ」と認知する。逆に言えば、尺に無頓着に発音する。

このため、英語用に作られた「子音間の間延びを許さない」音声認識では、実用レベルには至らない。音声波形から母音の骨格を切り出し、母音の間延びを切り落として初めて、日本語の音声認識の精度は上がったのである。

母音主体なのは、イタリア語も同様だ。

イタリア語は、動詞、名詞、形容詞、副詞、あらゆる単語の終端部に母音が付いている。しかも、その語尾母音が、重要な情報を孕んでいるのである。たとえば、動詞は、語末の母音で主語がわかる。働くという動詞 lavorare ラヴォラーレは、lavoro ラヴォーロ（私）、lavori ラヴォーリ（あなた）、lavora ラヴォーラ（彼、彼女）と変化するのだ。また、男性詞と女性詞の語尾母音が違い、名詞と、それを飾る形容詞では格をそろえないといけない。語尾母音に気が抜けない言語なのである。ということは、聞くほうは、語尾母音を丁寧に聞き分けるし、発音するほうも語尾母音をしっかりと発音しなければならない。

母音にこだわる、イタリア人と日本人。子音を強く発音し、定型のスピードにこだわる英語人やドイツ人。

語感で見れば、世界には、母音派と子音派、二つの言語モデルがある。

パスタ論争は、この二者の間に起こる問題なのだ。

母音は、口の開け具合だけで音種を決する。このため、母音派の私たちは、口腔の縦の動き（顎関節の、軽く弾むようななめらかな開閉）をよく使い、口腔のわずかな高さの違いにも敏感にならざるを得ない。

当然、パスタやうどん、ごはんのような弾性のある食べ物の歯触りに敏感で、ゆで具合に厳しくなる。ほどよき弾性がなければ、食べられやしない。

一方、シュ、ツ、ケのような大量の息を擦り出す子音を多用するドイツ語は、口腔を低く保ったまま、ブレスコントロールに集中する。口腔を低くして、上あごに息をこすりつけてしゃべる人たちにとって、おそらく、食べる楽しみは、歯触りよりも、上あごをこする感覚なのではないだろうか。

ゆですぎたパスタも、やわらかなキャベツのつけもの（ザワークラウト）も、ぬるめの大量のビールを流し込むのも、上あごを埋め尽くして通り過ぎていく感覚は、息を大量にこすりつけた感覚に似ている。そして、ドイツのおしゃぶりは、なんと平らな板状なのである。上あごに蓋をするかのように。

つまり、「ゆですぎたパスタ」は、「アルデンテがわからなくてうっかりゆですぎちゃう」のではなく、おそらく「上あごを埋め尽くす快感のために、わざわざやわらかくゆでる」のである。ドイツ人を「アルデンテのわからない鈍感な田舎者」扱いするのは、ちょっと不当な気がする。

母音は、本文で詳しく述べたどおり、飾り気のない親密感を伝えてくる。母音を主体に発音すれば、当然、飾り気のない親密感に満ちた会話になる。イタリア語は、まさにそれ。イタリア語でインタビューに応える天才バイクレーサー、ヴァレンティーノ・ロッシは、やんちゃな「永遠の少年」に見える。英語のそれだと、ちょっと尖った巨匠風なのに。母音力、おそるべし。

子音は、間延びできない「瞬間」の音韻で、大量の息を使う。子音を多用するとなると、一定のリズムを保って発音する必要がある。ドイツ語を聞いていると、確かに、心地よい「規則正しさ」がある。

その昔、競技ダンスの世界では、ウィンナワルツ（高速のワルツ）は、ドイツ語文化圏の選手が首位を取る、と言われていた。圧倒的にイギリス勢が強かった時代に、イギリスのチャンピオンが、ウィンナワルツだけは負けたりしていたのである。

音楽の世界でも、ウィンナワルツだけは、ドイツ語文化圏のフィルハーモニーのそれしか聴けないというクラシックファンは多い。高速の三拍子を、終始一貫、ダレもせずフライングもせずに、ただただ規則正しく演奏し続けたり、踊り続けたりするセンスは、やはりドイツ語を発音し続けてきた人々に自然に備わっているセンスなのにちがいない。

その規則正しさは、ときにドイツの国民性を語るキーワードにもなる。有名な小話に、「タイタニックが沈みかけたとき、救命ボートの数が足りなかった。女性や子どもを優先するために、イギリス人なら紳士のたしなみです、と言えば譲ってくれた。アメリカ人ならヒーローになれる、と言えば譲り、ドイツ人なら規則ですので、と言えば譲った」というのがある。様々なバリエーションがあるようだが、私が聞いたそれには、「日本人なら、皆さんそうしていますよ、と言えば譲る」というオチが付いていて、大笑いしてしまった。

そう考えてみると、母語の発音体感は、食べ物の好みや国民性までをも牛耳っているのである。感性は、ことばと不可分であり、ことば抜きでは語れない。

ことばは、脳の中に「世界」を作り出していて、あらゆる謎を解く鍵なのだ。

この本では、語感の解明に挑んできた、二八年の研究成果を書かせていただいた。語感の研究について、あらためて書いてみたい、という希望をかなえてくれた集英社インターナショナル編集部の皆様に、心から感謝申し上げます。特に、薬師寺達郎さんの一途な期待には、ことのほか励まされて、このページまでたどり着きました。

そして、なによりも、ここまで読み進めてくださったあなたに、感謝を。

私がわくわくしながら眺めている「語感の世界」に、また一人、新しい理解者が増えたことが、嬉しくてたまらない。ね、面白いでしょう？

さて、先ほどの話。

イタリア語は母音派、ドイツ語・英語は子音派なのだが、実は日本語は、そのどちらでもない。母音派でもあり、子音派でもある。ハイブリッドなのである。

本文の中に詳しく書いたが、日本語には、漢語由来の音読みと、大和言葉由来の訓読みがある。「命、海、空、心、ありがとう」が「生命、海洋、天空、精神、感謝」に。日本語は、あらゆる表現をシステマティックに二重にすることが可能な、世界でも他に類を見ない言語なのである。そして、無意識のうちに、母音の情と子音の理を使い分けて、相手を癒やしたり、鼓舞したりしている。

もちろん、どの言語にも、情のことばと、理のことばはあるだろうし、それをちゃんと使い分けているにちがいない。しかし、日本語は、すべてのことばに情と理の語感表現を二重に擁していて、とっさに選べるのだ。しかも、前者に訓読み、後者に音読みという概念がついているので、意図的にも制御しやすい。本当に、よくできた語感システムである。

語感の研究をしてきて、最も嬉しいことは、わが母語を心から誇りに思えること。日本語こそ、ソクラテスが憧れた「最美の言明」である。

奇しくも今宵、東京では、桜たちが、今を盛りと咲き誇っている。――あの花を、サクラと呼べて、本当によかった。

二〇一九年三月、桜満開の宵に

黒川伊保子

参考文献

・岡本夏木著『子どもとことば』岩波新書、一九八二年
・榊原洋一著『ヒトの発達とは何か』ちくま新書、一九九五年
・水地宗明・田中美知太郎訳『プラトン全集２』岩波書店、二〇〇五年

図版制作　タナカデザイン

黒川伊保子 くろかわ いほこ

人工知能研究者、脳科学コメンテーター。一九五九年、長野県生まれ。奈良女子大学理学部物理学科卒業。（株）富士通ソーシアルサイエンスラボラトリにて人工知能（AI）の研究開発に従事した後、二〇〇三年（株）感性リサーチ設立。著書に『女の機嫌の直し方』（インターナショナル新書）、『日本語はなぜ美しいのか』（集英社新書）、『怪獣の名はなぜガギグゲゴなのか』（新潮新書）、『妻のトリセツ』（講談社＋α新書）、『ヒトは7年で脱皮する』（朝日新書）など。

インターナショナル新書〇四〇

ことばのトリセツ

二〇一九年六月一二日　第一刷発行

著者　黒《くろ》川《かわ》伊《い》保《ほ》子《こ》

発行者　椛島良介

発行所　株式会社 集英社インターナショナル
〒一〇一-〇〇六四 東京都千代田区神田猿楽町一-五-一八
電話 〇三-五二一一-二六三〇

発売所　株式会社 集英社
〒一〇一-八〇五〇 東京都千代田区一ツ橋二-五-一〇
電話 〇三-三二三〇-六〇八〇（読者係）
〇三-三二三〇-六三九三（販売部）書店専用

装幀　アルビレオ

印刷所　大日本印刷株式会社

製本所　加藤製本株式会社

ISBN978-4-7976-8040-9　C0211

インターナショナル新書

インターナショナル新書

025
お釈迦さま以外はみんなバカ
高橋源一郎
キラキラネーム考／大阪おばちゃん語の憲法／名作を2秒で読む？　作家が見つけた表現とことばの数々。その秘められた意味も深掘りしていく。

030
全国マン・チン分布考
松本　修
空前絶後の女陰・男根語大研究！　方言分布図を言語地理学で丹念に辿り、膨大な史料にあたると、既存の語源説が覆り、驚くべき結論に。阿川佐和子氏推薦。

031
その診断を疑え！
池谷敏郎
総合内科専門医・池谷敏郎が病院＆医師選びのポイントを徹底指南！　頭痛や腰痛、がんから白血病まで、あなたの身体の不安を解決します。

033
データが語る日本財政の未来
明石順平
公的データによる150以上のグラフや表で、破綻寸前の日本財政を検証。財政楽観論を完全否定し、通貨崩壊へと突き進む日本の未来に警鐘を鳴らす。

037
チョムスキーと言語脳科学
酒井邦嘉
脳科学が人類最大の謎、言語に挑む——。厳密な実証実験により、チョムスキーの生成文法理論の核心である〈文法中枢〉の存在が明らかに！

038

国家の統計破壊

明石順平（弁護士）

安倍政権の発足以降、わかっているだけでも53件の統計手法が見直され、そのうち38件がGDPに影響を及ぼしている。賃金や消費などの国家の基幹統計は、国民生活と密接に結びついたものである。厚労省や内閣府などが手法を変更し、かさ上げした数字では連続性がなく、もはや統計の意味をなさない。これは「統計破壊」と呼ぶべき異常事態である。

この問題をいち早く追及し国会でも公述した著者が、公的データをもとに統計破壊の実態を暴く。

インターナショナル新書
039

ハンプトン・ファンチャー（俳優・脚本家）　マイケル・グリーン（脚本家）
渡辺信一郎（映画監督）　ポール・M・サモン（作家）
大野和基（国際ジャーナリスト）　編・訳

ブレードランナー証言録

デッカードはレプリカントなのか？　フィリップ・K・ディックの原作からの影響は？

映画『ブレードランナー』シリーズのクリエーターたちに独占インタビューを敢行。SF映画の概念を変えた傑作の誕生秘話や制作裏話など、知られざるエピソードを多数収録。舞台となった2019年に緊急発売！

インターナショナル新書

008

女の機嫌の直し方

黒川伊保子（人工知能研究者）

男性脳は問題解決のため、女性脳は共感のために対話を紡ぐ。だから男女の間には溝が生まれる。

脳科学と人工知能（ＡＩ）の研究者として経験豊かな著者が、日常に即した男女脳の違いを最新の研究成果を踏まえて語る。女性の理解できない言動に苦しむ男性の悩みは本書ですべて解決。男女の脳は違うからこそ意味があるということに気づきさえすれば、無駄な争いはなくなり、自分とは違った脳をもつ異性への理解と愛おしさが育まれる。家庭と職場に福音をもたらす1冊！